Gerda M. Kolf

Resilienz – Fähigkeit der inneren Stärke

Verlag Via Nova

Gerda M. Kolf

RESILIENZ

Fähigkeit der inneren Stärke

1. Auflage 2014
Verlag Via Nova, Alte Landstr. 12, 36100 Petersberg
Telefon: (06 61) 6 29 73
Fax: (06 61) 96 79 560
E-Mail: info@verlag-vianova.de
Internet: www.verlag-vianova.de
Zeichnungen: Heike Overhage
Umschlaggestaltung: Guter Punkt, München
Satz: Sebastian Carl, Amerang
Druck und Verarbeitung: Appel & Klinger, 96277 Schneckenlohe

© Alle Rechte vorbehalten

ISBN 978-3-86616-305-8

INHALT

Ein Wort zum Geleit 7

Einführung 9

Facetten der Resilienz 13
Wissen, was ich will, und es geschehen lassen 14
    Wissen, was ich will *16*
    Was will ich mit diesem Buch? *17*
Wie das Leben begann 19
Wie es weiterging..21
Überzeugungen bestimmen das Leben.............................23

Die Resilienz stabilisieren...31
Der Mensch als Billionen-Zellen-Wesen............................31
Stress entsteht im Kopf, Glück auch..................................33
Worauf ich meine Aufmerksamkeit lenke,
das verstärke ich 34
Sich des Unterbewusstseins bewusst sein 35
Die inneren Bilder erkennen 36
Die inneren Bilder verändern 38
Immun sein gegen Abwertungen 40
Die Kraft der Vergebung..41
Mit Liebe stark werden 46

Schuldzuweisung oder Selbstverantwortung? 49
Pflege des Selbstwertgefühls 53
Alltagsrituale für die Pflege des Selbstwertgefühls 54
Sorgen oder entsorgen? 62
    Sorgen entsorgen *64*
Abschiedsrituale für Sorgen & Co 66
    Die Stirn halten..*67*
    Ho´oponopono.. *74*
    Segen denken *79*

Bewundernswerte Resilienz 85
Mit Liebe stark sein 85
Mit Gedankenkraft zu neuem Leben 87
Mut machende Bilder bestärken......................................90
Der Mann, der sein Gehirn veränderte 92

Gedanken zum Abschluss 99
Wissen, dass es hinter dem Horizont
auch noch weitergeht 99
Noch einmal: Wissen, was ich will...................................102
Lebe ich gern? Einige Fragen zum Ausklang 105

Mit Büchern in Verbundenheit wachsen 106

EIN WORT ZUM GELEIT

Ein Ausspruch des weltbekannten Cellisten Pablo Casals:
"Jede Sekunde, die wir leben, ist ein neuer und einzigartiger Augenblick im Universum, ein Augenblick, der nie wieder sein wird... Und was lehren wir unsere Kinder? Wir lehren sie, dass zwei und zwei vier ergibt und dass Paris die Hauptstadt von Frankreich ist.

Wann werden wir sie lehren, was sie sind?

Wir sollten zu jedem von ihnen sagen: Weißt du, was du bist? Du bist ein Wunder. Du bist einzigartig. In all den Jahren, die vergangen sind, hat es nie ein Kind wie dich gegeben. Deine Beine, deine Arme, deine geschickten Finger, die Art, wie du dich bewegst.

Aus dir könnte ein Shakespeare werden, ein Michelangelo, ein Beethoven. Du hast die Fähigkeit zu allem. Ja, du bist ein Wunder. Und wenn du dann aufwächst, kannst du dann jemandem Schaden zufügen, der wie du ein Wunder ist?

Du musst daran arbeiten – wir alle müssen daran arbeiten – damit die Welt ihrer Kinder würdig wird."[1]

---

1 Hühnersuppe für die Seele, S.103f.

EINFÜHRUNG

Resilienz, ein Wort, das vielen Menschen verständlicherweise fremd ist, das aber so eine gute Eigenschaft bezeichnet, dass ich es seit einiger Zeit auch benutze. Es meint keine neue Krankheit, keine neue Diagnose für ein angebliches Defizit, sondern ist ein Ausdruck für eine Stärke, die wir uns sicher alle wünschen. Resilienz bezeichnet die Fähigkeit, ein Stehaufmännchen oder ein Lebenskünstler zu sein. Übersetzt wird das Wort Resilienz unter anderem mit Stresswiderstandskraft, Stressbewältigungsfähigkeit, Stressbewältigungskompetenz oder psychische Stabilität oder eben auch Fähigkeit der inneren Stärke.

Wenn Forscher den Stehaufmännchen-Effekt, die Resilienz, erkunden, gehen sie unter anderem folgenden Fragen nach: Warum verkraften einige Menschen Schicksalsschläge, andere nicht? Warum bewältigen einige Menschen gelassen den alltäglichen Stress, während er andere krank macht? Warum erholen sich einige Menschen schnell von einer Krankheit, andere nicht?

All diesen Fragen widme auch ich mich, freiberuflich und in eigenem Auftrag. Ich beschäftige mich intensiv mittlerweile fünfzehn Jahre damit, wie ich Menschen praktisch dabei begleiten kann, verschüttetes Potenzial freizulegen und ein Stehaufmännchen zu sein. Mit anderen Worten: die Anlagen, die es in jedem Menschen wie Samenkörner gibt, zum Keimen und zum Blühen zu bringen.

Als ehemalige Lehrerin, Dolmetscherin und freiberufliche Textilgestalterin aus der damaligen DDR war in Nordrhein-Westfalen, wo ich jetzt schon 24 Jahre lebe, neues Lernen angesagt. Meine Abschlüsse aus DDR-Zeiten entsprachen nicht der Form der hiesigen Abschlüsse. Ein Glück! Sonst hätte ich sicher nicht so viel Neues gelernt: Systemische Familientherapie, Neurolinguistisches Programmieren (NLP), unterschiedliche Richtungen der Kinesiologie, Energetische Psychotherapie (Klopfakupressur, EDxTM, Advanced Integrative Therapie), und noch einiges anderes. Außerdem hatte ich die Möglichkeit, viele Bücher meiner eigenen Wahl zu lesen.

Aus allem habe ich die Essenz für mich gezogen. Was davon passte als ständiger Begleiter in meine Welt? Und was konnte ich als Selbsthilfemethoden an andere weitergeben? Jetzt habe ich schon etliche Jahre meine Freude an diesen Selbsthilfemethoden, die ich Stehaufmännchen-Methoden nenne. Ich habe meine Freude daran, zu erleben, welche Veränderungen damit immer wieder bei anderen Menschen angestoßen werden können. Ständiger Begleiter ist mir als

Symbol für mein Anstoßen mein Stehaufmännchen als Figur und als Logo zusammen mit dem Motto „Mit Freude leben und lernen – Herausforderungen meistern." Es geht darum, sich nach scheinbaren Niederlagen oder nach Enttäuschungen wieder zu erheben wie ein Stehaufmännchen.

FACETTEN DER RESILIENZ

Da ich das Wort Resilienz jetzt auch benutze und häufig gefragt werde, was das ist, habe ich mir überlegt, was das Wort Resilienz für mich alles bedeutet, wie ich die Bedeutung dieses Begriffes mit anderen Worten ausdrücken kann. Eine Auswahl davon:

- Das Leben lieben, wie auch immer es sich bisher gestaltet haben mag
- Immer wieder aufstehen, wie oft oder wie tief ich auch gefallen bin
- Zugang zu den eigenen Gaben haben
- Jede Niederlage zum Anlauf für einen Neustart machen
- Steine, die den Weg versperren, beiseiteräumen
- Wissen, was ich will, und es geschehen lassen
- Verändern, was ich verändern kann, gelassen hinnehmen, was ich nicht verändern kann
- Angst durch Liebe ersetzen
- Vergeben können
- Wissen, dass es hinter dem Horizont auch noch weiter geht
- Mit den Stürmen des Lebens wachsen

Einigen dieser Facetten will ich mich in diesem Büchlein näher zuwenden.

Wissen, was ich will, und es geschehen lassen

Das heißt, eine klare Absicht haben, ein für mich wichtiges Ziel. Das heißt, mich nicht selbst dabei zu blockieren, diese Absicht umzusetzen, dieses Ziel zu erreichen. Das heißt auch: wissen, was *ich* will, nicht irgendjemand anderes.

Das halte ich für einen wichtigen Schlüssel für ein glückliches Leben, für psychische Stabilität, für Resilienz, für innere Stärke. Wissen, was ich will. Weiß ich immer, was ich will? Weiß ich im allgemeinen nicht besser, was ich nicht will?

Meine inneren Bilder bestimmen mein Leben. Kenne ich meine inneren Bilder? Habe ich innere Bilder für das, was ich will, oder Bilder für das, was ich nicht will?

Wissen, was ich will, und es geschehen lassen. Es geht nicht darum, etwas zu erzwingen oder übers Knie zu brechen, es geht nicht darum, zu kämpfen. Es geht darum, zu erkennen, wo ich Störendes beiseiteräumen, Hilfreiches verstärken kann, damit das, was ich will, wirklich geschehen kann.

Es geht um Kopfkino in eigener Regie. Es geht um die inneren Bilder, die mein Leben bestimmen, ob es die „Bilder der Vergangenheit sind, die mich immer wieder einholen", „das Kopfkino, das mir keine Ruhe gibt", oder „das Gedankenkarussell, aus dem ich nicht aussteigen kann", also um innere Bilder dessen, was ich nicht will, oder um die inneren Bilder dessen, was ich will. Wie soll ich am Ziel ankommen, wenn ich es gar nicht kenne? Welchen Weg soll ich wählen, wenn ich nur weiß, wohin ich nicht will?

Liebe Leser, liebe Leserinnen, in diesem Buch will ich Ihnen einige der von mir erprobten Stehaufmännchen-Methoden vorstellen, die es Ihnen erleichtern können, selbst Regisseur Ihres Kopfkinos zu sein, die Sie unterstützen, Mut machende Gedanken einzuladen und Angst machende Bilder zu verabschieden. Außerdem bringe ich Beispiele aus der Literatur, die mich so beeindruckt haben, dass sie mein eigenes Kopfkino mit wohltuenden, ermutigenden Bildern bereichert haben.

Wissen, was ich will

> Was will *ich*?
> In Verbundenheit wachsen und glücklich sein.
> In einer Welt leben, die für mich verstehbar,
> gestaltbar und bedeutsam ist.

Das sind Lebensbedingungen, wie ich sie mir wünsche. Solche Bedingungen sind meiner eigenen Resilienz förderlich. Der Gehirnforscher Professor Dr. Gerald Hüther nennt Verbundenheit und Wachstum als Grundbedürfnisse eines jeden Menschen. Im Mutterleib habe jeder Mensch Verbundenheit und Wachstum erlebt, was auch immer er nach seiner Geburt erfahren habe. Dieser Zustand der Geborgenheit und des Wachstums bleibe die lebenslange Sehnsucht eines jeden Menschen.

Der amerikanisch-israelische Soziologe Aaron Antonovsky (1923 -1994), ein Pionier der Resilienzforschung, nannte die Faktoren Verstehbarkeit, Gestaltbarkeit und Bedeutsamkeit als wichtige Komponenten für die Gesundheit und für die Resilienz eines Menschen.

Wo diese Faktoren nicht gegeben sind, mangelt es auch an Motivation und Kraft, nach Niederlagen wieder aufzustehen. „Ich versteh die ganze Welt nicht mehr!", „Da kann man sowieso nichts machen!", „Es hat ja doch alles keinen

Sinn!" Diese Sätze künden nicht von Verstehbarkeit, Gestaltbarkeit, Sinnhaftigkeit beziehungsweise Bedeutsamkeit. Diese Sätze, stellvertretend für viele andere, künden nicht von Resilienz.

Was will ich mit diesem Buch?

Es gibt einige wissenschaftliche Studien zur Resilienz, in denen erkundet wurde, wie viel Prozent einer Gruppe von Menschen, deren Lebensumstände in der Kindheit sehr ungünstig waren, dennoch einen von der Gesellschaft geachteten Lebensweg für sich fanden und welche Fähigkeiten und Umstände ihnen dabei dienlich waren. Ein Ergebnis dieser Studien ist, wie wichtig ein Mentor im Leben eines Menschen sein kann.

Mir ist bewusst geworden, dass es in meinem Leben viele Mentoren gab. Seit ich lesen kann, waren Bücher meine Mentoren, die mir die Welt in mein Zuhause brachten und die Liebe zum Leben in mir bestärkten.

Mit diesem Buch möchte auch ich die Liebe zum Leben bestärken. Ich möchte ermutigen, an die eigenen Anlagen für ein resilientes Leben zu glauben, zu erkennen, welche Anlagen nicht gelebt werden, sondern blockiert sind, um die Blockaden dann selbst zu lösen.

Bei diesem Vorhaben stütze ich mich nicht auf Studien,

sondern auf viele Mentoren. Deshalb wünsche ich dem Buch, dass es auch als Mentor angenommen wird.

Mit diesem Buch will ich meine Freude über meinen Weg mit vielen Menschen teilen (Verbundenheit!). Mein Weg hat mich dazu geführt, dass sich das Leben jetzt ganz einfach gestaltet (Wachstum!). Das wünsche ich allen Menschen. Es muss nicht alles kompliziert und anstrengend sein. Es kann auch einfach und leicht sein (verstehbar!). Mit diesem Buch möchte ich Weggefährten finden, die sich dieser Sicht auf das Leben anschließen können.

Stress entsteht im Kopf, Glück auch. Wenn ich selbst Regisseur meines Kopfkinos sein kann, kann ich doch wählen (gestaltbar!). Wenn viele Menschen sich auf diesen Weg begeben, können wir nicht nur unsere eigene Sicht auf die Welt verändern, sondern sogar unsere Welt selbst (bedeutsam!).

Dazu die Geschichte von dem 100. Affen:

Die Geschichte erzählt von einigen Anthropologen, die irgendwo in der Südsee eine Herde Affen beobachteten. Diese Affen ernährten sich hauptsächlich von Kartoffeln, die sie sich ausgruben, durchbrachen und verspeisten. Sie fraßen aber nur die Mitte der Knollen, um den Sand zu vermeiden. Den Rest warfen sie weg. Eines Tages kam einem Affen die Idee, die Kartoffel zu waschen. Dadurch konnte er sie ganz verzehren, brauchte nicht so viel wegzuwerfen und brauchte nur weniger auszugraben. Es dauerte wohl einige Zeit, bis er Nachahmer fand. Es scheint eben nicht so leicht zu sein, sich von Altgewohntem zu trennen, selbst wenn die Vorteile des Neuen offensichtlich sind. Allmählich folgten jedoch auch andere seinem Beispiel. Die Anthropologen zählten geduldig die Affen, die ihre Kartoffeln nach und nach auch wuschen. Sie brauchten wohl sehr viel Geduld dabei. Doch eines Tages, als der 100. Affe sich auch seine Kartoffeln wusch, taten es plötzlich alle! Das Massenbewusstsein der gesamten Affengemeinschaft hatte sich plötzlich verändert. Das Erstaunlichste daran war, dass selbst die Affen auf den umliegenden Inseln zum selben Zeitpunkt ihr gewohntes Verhalten änderten und die Kartoffeln auch wuschen.

Wie das Leben begann

Ein inneres Bild, dem ich in meinem Kopfkino viel Raum geben möchte:

Da ist das niedliche Baby. Unbeschwert, unbelastet, unvoreingenommen sieht es mit staunenden Augen in die Welt, strahlt jeden Menschen an, der ihm den Blick zuwendet. Dieses kleine Wesen ist schon ein Meister darin, gute Stimmung zu verbreiten. Wer diesen strahlenden Blick auffängt, ist in seinem tiefsten Inneren berührt.

So unbeschwert und neugierig auf alles und jeden hat der jetzt erwachsene Mensch auch einmal in die Welt gestrahlt. Auch er war schon zu Beginn seines Lebens so eine charismatische Persönlichkeit, nachdem er neun Monate in tiefster Verbundenheit mit einem anderen Menschen wachsen konnte. Was ist seitdem aus ihm geworden? Wo ist das Strahlen abhanden gekommen? In diesem Augenblick erinnert das Strahlen des Babys an ein wunderbares einst selbst erlebtes Gefühl des Verbundenseins mit allem und jedem. Ob Mann oder Frau, großer Künstler, bedeutsamer Wissenschaftler, liebende Mutter, liebender Vater, Politiker, frustrierter Angestellter, Amokläufer, Terrorist oder, oder, oder... Alle waren einmal so reizende Wesen, die mit ihrem Strahlen für einen Moment unsagbaren Frieden, überschwängliche Lebensfreude verbreitet haben.

Natürlich gab es im Leben des Babys auch Situationen, in denen es geschrien hat. Es war noch völlig abhängig von den Menschen, mit denen es lebte. Es konnte seine Bedürfnisse noch nicht selbst befriedigen und hatte noch keine andere Möglichkeit, sich zu äußern. Wenn seine Bedürfnisse be-fried-igt waren, konnte es wieder zu-frieden sein. Es konnte wieder Frieden einkehren, Frieden, der sich auf die Umgebung ausbreitete.

Wie es weiterging

Wie es weiterging, hing von den Gegebenheiten ab, in die das Kind hineingeboren wurde. Inwieweit konnten die Menschen in seinem Umfeld die Bedürfnisse des kleinen Menschen befriedigen? Wie willkommen war der neue Mensch in seiner Umgebung? Was wurde ihm zu seiner Person vermittelt? „Du bist ein Wunder!" (Pablo Casals) oder „Du störst!"?

Was hat dieser kleine Mensch vom Verhalten seiner Umgebung gelernt?

Wenn er durch Schreien seine Bedürfnisse kundgetan hat und seine Bedürfnisse daraufhin befriedigt wurden, hat er damit eine Erfahrung der Selbstwirksamkeit machen können. Er hat seine Stimme eingesetzt und dadurch bewirkt, dass ihm Unterstützung gegeben wurde. Wenn seine Bedürfnisse häufig nicht befriedigt wurden, hat er an dieser Stelle schon das Gefühl der Ohnmacht und Wertlosigkeit erfahren. Er konnte nicht zu seinem Frieden, zu seinem Strahlen zurückkehren. An dieser Stelle wurde schon Potenzial blockiert.

Der kleine Mensch ist sehr aufmerksam. Das Gehirn lernt immer. Es leitet aus dem Erlebten Regeln ab, die zu inneren Bildern, zu Überzeugungen werden, die das weitere Leben bestimmen. Der Körper speichert alles.

Dazu fand ich in dem Buch „Intelligente Zellen" des Zellbiologen Bruce H. Lipton folgende bekräftigende Gedanken: *„Kleine Kinder beobachten ihre Umgebung genau und speichern das Weltwissen ihrer Eltern direkt in ihr Unterbewusstsein ab. So werden die Verhaltensweisen und Überzeugungen der Eltern zu ihren eigenen."*[2] Er berichtet darin auch von Experimenten mit Schimpansen. Was der Schimpansenmutter in einer Reihe von Experimenten beigebracht wurde, während sie ihr Junges dicht bei sich trug, konnte ihr Junges dann auch. *„Die erstaunten Forscher schlossen daraus, dass auch kleine Menschenaffen komplexe Verhaltensweisen allein schon durch Beobachten erlernen können, ohne direkt dazu angeleitet zu werden (Science 2001).*

Auch beim Menschen werden grundlegende Verhaltensweisen, Überzeugungen und Einstellungen, die wir bei unseren Eltern beobachten, in den synaptischen Verbindungen unseres Unterbewusstseins „verdrahtet". Sobald sie einmal fest in unserem Unterbewusstsein einprogrammiert sind, steuern sie uns für den Rest unseres Lebens – es sei denn, wir finden heraus, wie wir sie umprogrammieren können."[3]

Ich wünsche allen Menschen, dass sie die Bürde aus frü-

---

2   Lipton, Intelligente Zellen, S.162
3   Ebd., S. 163

her Kindheit erkennen und zurücklassen. Das wird es ihnen erleichtern, die Welt wieder mit anderen Augen zu sehen, sie als gestaltbar zu erleben, an das eigene Potenzial zu glauben.

Überzeugungen bestimmen das Leben

Überzeugungen können den Zugang zu den eigenen Gaben freihalten, und Überzeugungen können den Zugang auch versperren.

„Aus dir könnte ein Shakespeare werden, ein Michelangelo, ein Beethoven. Du hast die Fähigkeit zu allem. Ja, du bist ein Wunder." Das sollte jedem Kind gesagt werden, meint Pablo Casals. Welchem Menschen wurde so etwas gesagt? Welchem Menschen wird so etwas gesagt?

> **Resilienz heißt:**
> **Zugang zu den eigenen Gaben haben**
>
> Was uns verbindet, ...
> ist das Genie,
> das in jedem steckt.

> Was uns scheinbar trennt,
> sind die Blockaden,
> unter denen das Genie versteckt ist,
> und die Masken,
> hinter denen die Blockaden versteckt sind.

Die eigenen Gaben sind wie Samenkörner. Sie können keimen, wachsen und gedeihen und wunderschöne Blüten treiben, wenn sie die entsprechenden Bedingungen haben, Licht, Wärme, Wasser. Wie groß sie werden, hängt auch von ihrem Umfeld ab. Dürfen sie wachsen oder werden sie beizeiten gestutzt, damit sie nicht zu groß werden?

Ob ein Mensch Zugang zu seinen eigenen Gaben hat, ob sie zu wunderschönen Blüten treiben und Ästen, die Kontakt zum Himmel aufnehmen können, hängt von seinen Wachstumsbedingungen ab, von seinen Erfahrungen, von seinen Überzeugungen, die er aus diesen Erfahrungen abgeleitet hat. Da der Körper alles speichert, muss er sich der Überzeugungen gar nicht bewusst sein. Sie bestimmen sein Leben automatisch. Jede Wahrnehmung wird durch die eigenen Überzeugungen gefiltert.

Über die Sinnesorgane wird ein Ereignis wahrgenommen, das Wahrgenommene ruft Erinnerungen in uns wach. Die

Erinnerungen sind mit Emotionen verbunden. Die Emotionen entscheiden darüber, ob das Ereignis Stress auslöst oder zu einer Herausforderung wird, ob neues Denken oder alte Muster angesagt sind, ob wir uns ängstlich schützen müssen oder in Frieden und Liebe reagieren können.

Was eine Herausforderung von einer Stresssituation unterscheidet, ist für mich an dem Modell des dreigeteilten Gehirns von Mc Lean gut erklärbar.

Die drei Teile dieses Modells sind:
- Das Hinterhirn oder auch Reptiliengehirn genannt, weil auch die Reptilien diesen Teil des Gehirns haben. – Dieser Teil ist für alles zuständig, was unser körperliches Überleben sichert, für alle automatischen Prozesse.
- Das Mittelhirn, auch Säugetiergehirn oder Limbisches System genannt, ist der Sitz unserer Erinnerungen mit den dazugehörenden Emotionen.
- Das Vorderhirn oder Neuhirn, das für das bewusste Denken zuständig ist.

Die Emotionen, mit denen die Erinnerungen verbunden sind, entscheiden darüber, ob mein Vorderhirn nach kreativen Lösungen suchen kann oder mein Hinterhirn mein Überleben sichern muss.

Ein Beispiel: Ein Insekt fliegt im Zimmer herum. Ein Mensch wird das Fenster öffnen und das Tierchen möglichst behutsam hinausbegleiten, ein anderer wird wie wild danach jagen. Die Menschen haben Unterschiedliches im Umgang mit Insekten gelernt. Ihr Handeln wird von unterschiedlichen inneren Bildern geleitet (Angst oder Liebe?).

Ob es ein Anblick, ein Geräusch, ein Geruch, ein Geschmack, eine Berührung, eine bestimmte Bewegung ist, die wir über unsere Sinne wahrnehmen, wenn diese Wahrnehmung uns an eine unangenehme Erfahrung erinnert, ist unsere Stimmung beeinträchtigt, wenn sie uns an etwas Angenehmes erinnert, sind wir gut gelaunt. Sobald unsere Stimmung beeinträchtigt ist, ist auch unsere Kreativität eingeschränkt.

Das heißt, meine Bewertung einer Situation hängt von meinen Erfahrungen ab, von meinen Überzeugungen, von meinen inneren Bildern, die aus den Erfahrungen entstanden sind. Meine Bewertung entscheidet darüber, ob das Ereignis meine Kreativität herausfordert oder mich in Stress versetzt, meine Überlebensprogramme aktiviert.

Erfahrungen, die mit Angst gekoppelt sind, versperren den Zugang zu den Gehirnbereichen für höhere geistige Tätigkeit, für Kreativität, versperren den Zugang zu meinen Gaben. Bei Gefahr hat das Gehirn für das Überleben zu sorgen. Bei Gefahr ist automatisches Reagieren nötig, nicht erst Nachdenken und Durchdenken verschiedener Möglichkeiten. Im Moment der Gefahr ist Kreativität nicht gefragt. Es geht darum, wegzulaufen, zuzuschlagen oder sich tot zu stellen. Dazu werden die nötigen körperlichen Prozesse eingeleitet. Wissenschaftler konnten schon mehr als 1400 physikalische oder chemische Veränderungen im Organismus bei Stress nachweisen.[4]

Leben oder Überleben
Liebe oder Angst

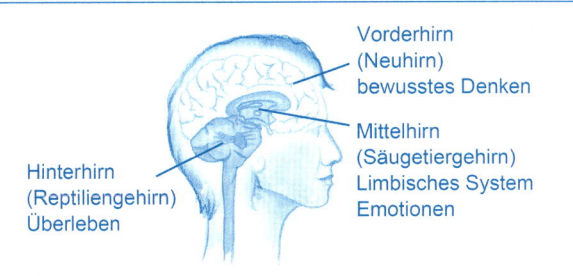

Vorderhirn
(Neuhirn)
bewusstes Denken

Mittelhirn
(Säugetiergehirn)
Limbisches System
Emotionen

Hinterhirn
(Reptiliengehirn)
Überleben

Liebe

Alle Körperprozesse sind im Fluss

Bewusstes Denken und Tun

Kreativität

Nervenzellen wachsen

Angst

1 400 chemische oder physikalische Veränderungen im Organismus

Überlebensprogramme

Blockaden

---

4 Spitzer, Lernen: Gehirnforschung und und die Schule des Lebens, S.173

Stress behindert klares Denken. Dauerstress macht krank. Wann aus den physikalischen und chemischen Veränderungen im Organismus Krankheit wird, hängt davon ab, wie viel Stress der Körper schon speichern musste, wann das Fass durch einen weiteren Tropfen zum Überlaufen gebracht wird. Wer gesund sein will, tut gut daran, die vielen unerwünschten körperlichen Reaktionen bei Stress zu vermeiden, also Stress zu vermeiden. Ein Weg dazu ist, die Situation, die über die Sinnesorgane wahrgenommen wird, anders zu bewerten, das heißt, aus einer potenziellen Stresssituation eine Herausforderung werden zu lassen, die mit möglichst vollem Gehirnpotenzial gemeistert werden kann.

Ein anderer Aspekt: Inzwischen gibt es die Erkenntnis, dass neue Nervenzellen im Gehirn bis ins hohe Alter wachsen können. Sie wachsen nicht bei Angst. Wenn es um das Überleben geht, sind keine neuen Nervenzellen nötig.

Überleben heißt: körperliches und soziales Überleben. In den Fällen, in denen wir in Stress geraten, geht es in den wenigsten Fällen um das körperliche Überleben. Letztendlich geht es immer um Beziehungen zu unserer Welt, zu unserem Umfeld. Ich erinnere an die Grundbedürfnisse Geborgenheit und Wachstum. Wo Geborgenheit fehlt, kann auch kein Wachstum erwartet werden, denn bei Angst ist klares Denken nicht möglich. Wo ein Mensch sich nicht dazugehörig fühlen kann, wo er sich ausgeschlossen fühlt, bedeutet das für Körper und Geist große Gefahr. Natürlich kann ein

Mensch sich auch für Wachstum um jeden Preis entscheiden und auf Geborgenheit oder Dazugehörigkeit verzichten. Er kann auch auf Wachstum zugunsten der Zugehörigkeit verzichten. Glücklich wird er aber in beiden Fällen nicht werden. Er wird nicht den vollen Zugang zu seinem naturgegebenen Potenzial haben. Sein Leben wird von Angst begleitet und damit von Überlebensprozessen beherrscht werden.

Durch Dressur kann der Zugang zu dem eigenen Potenzial sogar so weit versperrt werden, dass selbst die Überlebensprozesse nicht mehr das Überleben sichern können. Davon spricht die Geschichte vom Elefantentraining:

In einigen Ländern werden Elefanten für die Arbeit im Urwald trainiert. Mit dem Training beginnt man bei dem Elefantenbaby. Man legt dem Jungtier eine Kette um das Bein und das Tier lernt dadurch, dass es sich mit der Kette am Bein nicht wegbewegen kann. Wenn der kleine Elefant größer und stärker wird, wird die Kette auch dicker und stärker. Irgendwann hat der Elefant dann gelernt, dass er mit einer Fessel am Bein nicht weggehen kann. Dann reicht auch bei einem gewaltigen, großen Tier ein einfacher Strick. Die dicke Kette ist nicht mehr nötig.

Es wird berichtet, dass 1965 bei einem Feuer in einem Zirkus in Neu-Delhi 25 Elefanten verbrannten. Man hörte sie schreien, konnte ihnen aber nicht mehr helfen. Die nachfolgenden Untersuchungen ergaben, dass die Elefanten nur mit einem fingerdicken Strick angebunden waren. Sie hätten nur hinauslaufen müssen, die Stricke wären zerrissen. Sie hatten aber von klein auf gelernt, dass sie sich mit einer Fessel am Bein nicht fortbewegen konnten. Zu ihren Gaben Beweglichkeit und Kraft hatten sie in dieser Situation keinen Zugang mehr.

Was die Elefanten gelernt hatten, bestimmte ihr Leben, in diesem Fall kostete ihnen das Gelernte ihr Leben. Auch unsere Welt wird von dem bestimmt, was wir gelernt haben.

Noch einmal Resilienz: Warum verkraften einige Menschen Schicksalsschläge, andere nicht? Warum bewältigen einige Menschen gelassen den alltäglichen Stress, während er andere krank macht? Warum erholen sich einige Menschen von einer Krankheit, während andere sich ein Gesundwerden überhaupt nicht vorstellen können?

Eine Antwort darauf: Die einen haben ihre Ketten erkannt und sich daraus befreit, die anderen sind sich ihrer Ketten nicht einmal bewusst und tragen sie brav weiter, mögen sie noch so laut klirren und die Lebensqualität beeinträchtigen.

DIE RESILIENZ STABILISIEREN

Der Mensch als Billionen-Zellen-Wesen

Die innere Stärke zu stabilisieren beziehungsweise zur inneren Stärke zurückzufinden und damit dem Leben eine andere Qualität zu geben, es als gestaltbar zu erleben, bedeutet, sich der eigenen Ketten, der eigenen Überzeugungen bewusstzuwerden und sich davon zu befreien.

Zu dieser Erkenntnis wurde der Zellbiologe Bruce H. Lipton geführt, als er die Mechanismen erforschte, mit denen Zellen ihre Physiologie und ihr Verhalten steuern. Er erkannte: *"In jeder einzelnen Zelle werden die Mechanismen des Lebens von der ‚Wahrnehmung' ihrer Umgebung in Gang gesetzt, und nicht durch ihre Gene." „Ich wusste"*, schreibt er weiter, *„wenn einzelne Zellen dadurch bestimmt werden, wie sie ihre Umgebung wahrnehmen, dann gilt das auch für uns Menschen als Billionen-Zellen-Wesen. Genauso wie bei der einzelnen Zelle wird unser Leben nicht von unseren Genen bestimmt, sondern durch unsere Reaktion auf die Umweltreize, die das Leben antreiben."*[5]

---

5   Lipton, Intelligente Zellen, S. 14

Für sein eigenes Leben leitete Bruce H. Lipton daraus ab: *„Auf der persönlichen Ebene erkannte ich in jenem Augenblick, dass ich mich festgefahren hatte, weil ich fälschlicherweise annahm, ein dramatisch erfolgloses Privatleben sei nun mal mein Schicksal. Zweifellos neigen die Menschen leicht dazu, leidenschaftlich und zäh an falschen Überzeugungen festzuhalten, und auch hyperrationale Wissenschaftler sind nicht davor gefeit. Unser von einem großen Gehirn gesteuertes, hochentwickeltes Nervensystem hat eine etwas komplexere Wahrnehmung als eine einzelne Zelle, und wenn unser einzigartiger menschlicher Verstand sich einschaltet, dann können wir unsere Umgebung aus einer Vielzahl von Perspektiven betrachten, während die Wahrnehmung einer einzelnen Zelle eher reflexiv ist.*

Ich war begeistert von der Erkenntnis, dass ich mein Leben verändern konnte, indem ich meine Überzeugungen änderte. Eine Welle von Energie durchflutete mich, denn mir war klar, dass es einen wissenschaftlich fundierten Weg gab, der mich von meinem Job als Dauer-Opfer zu einer neuen Aufgabe als Mitgestalter meines Schicksals ‚umschulte'." [6]

Auf diesem Weg der „Umschulung" darf ich zur Zeit in einem Projekt Arbeitsuchende über 50 begleiten. Sie können

---

6   Lipton, Intelligente Zellen, S. 15

sich also auch auf den Weg begeben, den der Zellbiologe und Medizinprofessor vor Jahren für sich gefunden hat.

Stress entsteht im Kopf, Glück auch

„Wenn unser einzigartiger menschlicher Verstand sich einschaltet, dann können wir unsere Umgebung aus einer Vielzahl von Perspektiven betrachten", sagt Bruce H. Lipton. Mit anderen Worten: Wir können eine Situation mit Augen der Liebe sehen oder mit Augen der Angst.

Da sowohl Stresshormone als auch Glückshormone in Abhängigkeit von meiner Bewertung einer Situation ausgeschüttet werden, habe ich also die Wahlmöglichkeit. Ich bewerte die Situation doch, kein anderer. Was will ich also? Stress oder Glück?

Wie unterschiedlich Menschen ein und dieselbe Situation bewerten können, davon erzählt folgende kleine Geschichte:

Barfuß
Vor vielen Jahren wollte ein großes Schuhunternehmen seinen Markt ausweiten. Die Geschäftsführung beschloss, zwei verschiedene Mitarbeiter in die entlegendsten Teile Australiens zu schicken, wo jeder untersuchen sollte, welche Möglichkeiten dort bestanden, Schuhe zu verkaufen.

Nach einiger Zeit trafen zwei Telegramme ein.
Im ersten hieß es: „Unmöglicher Markt. Alle gehen barfuß!"
Im zweiten Telegramm stand: „Unendlicher Markt! Alle gehen barfuß!"[7]

Worauf ich meine Aufmerksamkeit lenke, das verstärke ich

Wenn ich mich der Angst zuwende, bestimmen die Bilder der Angst mein Denken und Tun, versperrt mir die Angst den Zugang zu meinen Gaben. Wenn ich den angenehmen Bildern Raum gebe, bestimmen die angenehmen Bilder mein Leben. Hier ist meine eigene Regie für mein Kopfkino gefragt.

Verstärke ich die Liebe zum Leben oder die Angst? Richte ich meinen Blick auf das, was mir Freude macht, oder auf das, worüber ich mich ärgern kann? Sehe ich, wo ich mich einbringen kann, um Unerwünschtes zu verändern, oder nähre ich meine Hilflosigkeit, ja meine Ohnmacht? Sehe ich meine Defizite oder mein Potenzial?

Was mir leichter fällt, hängt davon ab, was ich gelernt habe. Was wurde mir vermittelt? Was wurde mir vorgelebt?

---

7   Andere Zeiten e.V., Oh! Noch mehr Geschichten für andere Zeiten, S.35

Wurde mir vermittelt, ein Wunder zu sein oder wertlos zu sein?

Sich des Unterbewusstseins bewusst sein

Sich der eigenen Überzeugungen bewusstzuwerden, die mein Leben bestimmen, bedeutet auch, mir bewusst zu sein, dass mein Verhalten nicht nur von meinem bewussten Denken gesteuert wird. Dazu fand ich in dem Buch „Intelligente Zellen" u. a. folgende Gedanken: *„Das Bewusstsein ist kreativ und kann positive Gedanken erzeugen. Das Unterbewusstsein hingegen ist ein Speicher instinktiver und erlernter Verhaltensweisen, die durch entsprechende Reize abgerufen werden. Das Unterbewusstsein funktioniert gewohnheitsmäßig – es reagiert zu unserem Leidwesen auf die gleichen Lebenssignale immer mit dem gleichen Verhalten. ... Die neurologischen Verarbeitungskapazitäten des Unterbewusstseins sind dem Bewusstsein haushoch überlegen. Wenn also die Wünsche des Bewusstseins den Programmen des Unterbewusstseins widersprechen, raten Sie mal, wer da wohl gewinnt?"*[8]

Wie sehen die Programme des Unterbewusstseins aus, die durch Botschaften gedankenloser oder liebloser Eltern

---

8 Lipton, Intelligente Zellen, S.126

weitergegeben werden? Es ist den Eltern oder anderen Personen nicht bewusst, dass ihre Kommentare direkt als Tatsachen im Unterbewusstsein abgespeichert werden. *„In der frühen Entwicklung ist das Bewusstsein des Kindes noch nicht ausreichend entwickelt, um zu erkennen, dass solche elterlichen Aussagen nur verbaler Müll sind und keine echten Charakterisierungen ihrer selbst. Wenn sie jedoch erst einmal im Unterbewusstsein einprogrammiert sind, werden solche verbalen Übergriffe zu inneren Wahrheiten, die unbewusst das Verhalten und das Potenzial des Kindes sein ganzes Leben lang beeinflussen… Wenn das Kind erwachsen wird, ist sein Unterbewusstsein randvoll mit Informationen, die von der Fertigkeit des Laufenkönnens bis zu dem Wissen, `dass ich ohnehin nichts tauge` oder dem Wissen, `dass ich alles sein kann, was ich will, reichen."* [9]

Die inneren Bilder erkennen

Alle Bewertungen, wie zu faul, zu dumm, zu dick, zu langsam, zu unruhig, zu ungeschickt, zu vorlaut, zu eigensinnig…, schaffen und schufen kein gutes Klima für die Entwicklung des Gehirns und für die Liebe zum Leben. Sie verursachen

---

9   Ebd., S.164

Blockaden. Sie übernehmen die Funktion der Fußketten bei den Elefanten.

Die inneren Bilder zu erkennen, heißt, mir bewusst zu machen, was ich im Laufe meines Lebens gelernt habe. Haben Sie zum Beispiel Abwertung erfahren, wenn Sie gesund, stark und fröhlich waren, Zuwendung, wenn Sie krank und schwach waren? Ich erfahre häufig, dass Menschen das, was sie in früher Kindheit gelernt haben, auch im weiteren Leben immer wieder gelebt haben. Nach welchen Regieanweisungen haben Sie in Ihrem Lebensfilm agiert?

Worauf ich meine Aufmerksamkeit richte, das verstärke ich. Ich muss wissen, was ich will. Will ich den Film in fremder Regie weiterleben? Oder will ich in einen neuen Film wechseln, in dem ich selbst die Regie führe? Kennen Sie den Ausdruck: „Ich glaube, ich bin im falschen Film"? Können Sie die folgenden Feststellungen bejahen?

> Ich liebe, was ich tue.
> Ich liebe, wo ich bin.
> Ich liebe, mit wem ich bin.

Wenn Sie sich in Ihrem derzeitigen Film nicht wohlfühlen, wechseln Sie! Es ist nie zu spät, sich auf den Weg zu neuen Erfahrungen zu begeben, dankbar für die bisher gemachten Erfahrungen.

Die inneren Bilder verändern

Denken Sie an die Worte: „Du bist ein Wunder. Du bist einzigartig"! Auch wenn Sie solche Worte in Ihrer Kindheit nicht gehört haben. Die Menschen, die Ihnen „die Fußketten" angelegt haben, hatten selbst keine inneren Bilder, die ihnen solche Worte ermöglicht hätten. Vielleicht werden Sie sich selbst in Zukunft aber mit Worten der Wertschätzung an Ihre Mitmenschen wenden, ob an Kinder oder an Erwachsene. Wenn Sie Ihr Kopfkino liebevoll in eigener Regie führen, werden Gedanken der Liebe auch nach außen drängen. Wie ein Kleinkind mit seinem strahlenden Lächeln werden Sie wieder gute Stimmung verbreiten.

In mir sammeln sich immer mehr Mut machende kleine Geschichten an, die nach außen drängen. Ich möchte damit auch gute Stimmung verbreiten, so auch mit der nächsten:

Liebe[10]
Eine alte Indianerin pflegte ihren spanischen Nachbarn stets ein paar Rebhuhneier oder eine Handvoll Waldbeeren zu bringen. Die Nachbarn sprachen kein Arakauisch mit Ausnahme des begrüßenden „Mai-mai" und die alte Indianerin

---

10 Andere Zeiten e.V, Oh! Noch mehr Geschichten für andere Zeiten, S.34

konnte kein Spanisch, doch sie genoss Tee und Kuchen mit anerkennendem Lächeln.

Die Nachbarskinder bestaunten ihre farbigen Umhänge, von denen sie mehrere übereinander trug, ihre kupfernen Armbänder und ihre Halsketten aus Silbermünzen.

Sie wetteiferten, den melodischen Satz zu behalten, den die Frau jedes Mal zum Abschied sagte. Schließlich konnten sie ihn auswendig, und sie fragten einen anderen Indianer, der zugleich Spanisch sprach, was er bedeute.

„Er bedeutet", antwortete dieser, „ich werde wiederkommen; denn ich liebe mich, wenn ich bei euch bin."

Ich wünsche uns allen immer ein Umfeld, in dem wir uns lieben können, und unseren Mitmenschen, dass sie in unserer Gegenwart sagen können: „Ich liebe mich, wenn ich bei euch bin."

Dabei denke ich wieder an die Geschichte von dem 100. Affen. Möge die Liebe Hauptakteur in unserem Kopfkino sein und zu einer Lebensweise führen, die allen Menschen das Gefühl gibt, geliebt und akzeptiert zu werden, die dadurch auch selbst in der Lage sind, andere zu lieben und zu respektieren. Noch einmal Pablo Casals: „Ja, du bist ein Wunder. Und wenn du dann aufwächst, kannst du dann jemandem Schaden zufügen, der wie du ein Wunder ist?"

Immun sein gegen Abwertungen

Resilienz heißt für mich auch: Immun sein gegen Abwertungen.

Auch Abwertungen wirken wie die Fußfesseln bei den Elefanten. Sie blockieren Potenzial und damit Lebensenergie, die Freude am Leben, die Liebe zum Leben, die Resilienz. Abwertung ist das Gegenteil von Wertschätzung. Wer abgewertet wird, fühlt sich im allgemeinen abgelehnt, also nicht geliebt und akzeptiert. Die Bedürfnisse nach Verbundenheit und Wachstum können im Moment der Ablehnung nicht befriedigt werden.

Abwertungen, die wir in der Kindheit erlebt, die unsere inneren Bilder, unsere Selbstbilder geformt haben, können wir erkennen und verändern. Gegen weitere Abwertungen können wir uns immunisieren.

Wir können uns klarmachen, dass die Abwertungen gar nichts mit uns zu tun haben. Sie sind nur ein Hinweis darauf, wie sich der Mensch fühlt, der uns abwertet.

Wer aber wertet einen anderen Menschen ab? Was treibt einen Menschen an, einen anderen Menschen abzuwerten? Liebe oder Angst? Ein zufriedener Mensch lässt auch einen anderen Menschen in Frieden leben. Worüber ich mich selbst freue, teile ich auch gern mit anderen. Ist das ein glücklicher Mensch, der einen anderen abwertet? Ist er voller liebevoller Gedanken, die sich nach außen drängen? Wer einen anderen Menschen abwertet, verbreitet seine eigene schlechte Stimmung. Wer sich selbst klein fühlt, macht bisweilen einen anderen klein, um sich selbst dadurch ein bisschen größer zu fühlen.

Was braucht so ein unglücklicher Mensch? Braucht er seinerseits Abwertung oder Verachtung? Wem tut das gut? Ist sein Verhalten nicht ein Ruf nach Liebe? Kann ich mich bei dieser Sicht durch die an mich gerichtete Abwertung verletzt fühlen? Übernehme ich die schlechte Stimmung? Lasse ich zu, dass ich in Stress gerate und meinen Körper die Stresshormone überfluten oder kann die schlechte Stimmung des anderen mich nicht erreichen? Prallt sie an mir ab? Bin ich resilient, indem ich mich dafür entscheide, die Liebe zu wählen? Ich wähle die Liebe, indem ich vergebe.

Die Kraft der Vergebung

Noch einmal: Von meiner Bewertung einer Situation hängt es ab, ob mein Gehirn für mein Überleben sorgen muss und mein Körper mit den entsprechenden Stresshormonen versorgt wird oder ob alle Körperprozesse im Fluss sein können. (s. S. 27)

Das heißt, meine Gedanken entscheiden auch darüber,

was mit meinem Körper geschieht. Ich kann mich fragen: Sollen Gedanken der Liebe meinen Körper und damit auch mein Leben bestimmen oder Gedanken der Angst in allen ihren Facetten, Gedanken der Vergebung oder der Schuldzuweisung an mich selbst oder an andere?

Diese Kerngedanken begleiten mich in meiner Arbeit, ob in Gruppen oder in Einzelarbeit.

Daraus ist die folgende Übersicht entstanden:

Liebe oder Angst
Vergebung oder Schuld

Vergebung
ist die Entscheidung,
mich nicht selbst zu bestrafen,
weder für mein eigenes
noch für das Verhalten anderer Menschen.

●

Jeder lebt in seiner Welt.

Hinter jedem Verhalten
gibt es eine positive Absicht.

> Der Weg ist nicht immer
> der am besten geeignete.
>
> Ein besserer Weg stand dem
> Menschen nicht zur Verfügung.

Jetzt habe ich den Hinweis auf einen Kongress in Atlanta in den USA erhalten, auf dem eingehend diskutiert wurde, was Vergeben alles bewirken kann. Der Kongress ging von der „Kampagne für Vergebensforschung" aus, zu deren Vorsitzenden die Friedensnobelpreisträger Desmond Tutu (Bischof der anglikanischen Kirche in Südafrika) und Jimmy Carter (ehemaliger Präsident der USA) gehören. Stifter hatten der Kampagne sieben Millionen US-Dollar zur Verfügung gestellt, so dass die Kampagne 46 wissenschaftliche Studien zur Kraft der Vergebung in Auftrag geben konnten, darunter auch viele medizinische.

So liegen Ergebnisse vor, welchen Einfluss das Verzeihenkönnen auf den Blutdruck hat, auf chronische Rückenschmerzen und Depressionen, auf die Rehabilitation von Patienten mit Wirbelsäulenproblemen und auf andere körperliche und seelische Beeinträchtigungen. Es wird auch von einer Studie mit 44 italienischen Frauen berichtet, die typische Frustesser und stark übergewichtig waren. Sie nahmen ab, nachdem sie gelernt hatten, ihren Ehemännern alle Kränkungen zu vergeben, die diese ihnen zugefügt hatten.

Um dem Vergeben zu einer Breitenwirkung zu verhelfen, gab es einen zweiten Kongress „Helping People Forgive". Hunderte Klinikärzte, Psychiater, Sozialarbeiter, Krankenschwestern, Pfarrer und andere kamen zusammen, um zu erörtern, wie man Menschen helfen kann zu vergeben. Da die US-Kampagne davon ausgeht, dass Verzeihen Schwerarbeit ist, wurden von Experten Kurse entwickelt, in denen das Vergeben gelernt werden kann. Zu den Ergebnissen solcher Kurse gab es eine weitere Studie.

Von ähnlichen Studien in Deutschland ist mir nichts bekannt. Ich weiß aber, dass ich nicht die einzige bin, die Kurse zu diesem Thema anbietet. Es steht keine Kampagne dahinter. Es sind einzelne Menschen, für die die Welt gestaltbar ist, die sich deshalb aus eigenem Antrieb einbringen.

Aber: Der innere Weg des Vergebens kann Kreise ziehen. Er endet nicht vor der eigenen Haustür.

Die Vision der Menschen, die die „Kampagne für Vergebensforschung" ins Leben gerufen haben, ist sicher nicht auf die Gesundheit des einzelnen Menschen beschränkt. Die große Sehnsucht ist der Frieden in der Welt. Auf der Internetseite http://www.forgiving.org/ heißt es einleitend:

__„Vergeben kann einzelne Menschen, Ehen, Familien, Gemeinschaften und sogar ganze Nationen heilen.__

Wir laden Sie ein, sich unserer Gemeinschaft für das Vergeben anzuschließen und ein Teil der wachsenden Kraft zu werden, die das Vergeben in der ganzen Welt fördern will.

Wir bieten diesen Raum, um etwas aus den wissenschaftlichen Studien zur Vergebung zu erfahren. Vergebung, die angeboten, empfangen oder wahrgenommen wird, kann die Kraft der Vergebung in Ihre eigene Welt bringen."

Die Kraft der Vergebung in der eigenen Welt zu spüren, selbst zu seinem inneren Frieden zu finden, öffnet die Tür auch für Frieden im Umfeld.

In diesem Zusammenhang sind die folgenden Worte für mich auch sehr hilfreich:

„Wenn du dich heute dabei ertappst, wie du jemandem Schuld gibst, halte inne und denke über Folgendes nach: Wenn du die gleiche Kindheit und die gleichen Lebenserfahrungen gehabt hättest wie die Person, der du Vorwürfe machst, wäre es dann nicht denkbar, dass du dich in ähnlicher Weise verhalten würdest? Erkenne nun in dieser Person das ängstliche und verschreckte Kind, das sich nicht so verhielte, würde es die vollkommene Liebe spüren. Vergib dieser Person und schenke ihr Liebe."[11]

---

11 Jampolsky, Die Kunst zu vergeben, S. 43

Mit Liebe stark werden

Ich ertappe mich in meinem Alltag immer wieder dabei, dass ich das Verhalten von Menschen bewerte, auch wenn ich es nicht mehr will. Wenn ich mich an bestimmten Stellen unsicher in meinem Verhalten fühle, frage ich mich: Was macht mich jetzt unsicher? Liebe oder Angst?

> Was bestimmt gerade mein Verhalten, Liebe oder Angst?

Weil ich mich für die Liebe entscheiden will, weil ich meine Aufmerksamkeit auf die Liebe richten will, ist diese Frage für mich zu einem hilfreichen Alltagsritual geworden.

Natürlich ist die Antwort auf die Frage bei den meisten Menschen: Angst (Liebe kann nicht unsicher machen.). Angst vor Ablehnung. Ich bin aber auf dem Weg. Wenn mir bewusst wird, dass es um Liebe oder Angst geht, entscheide ich mich für die Liebe. Ich weiß, dass jeder in seiner Welt lebt, mit seinen Erfahrungen und seinen inneren Bildern. Wenn Leserinnen oder Leser vielleicht ablehnen, was ich hier schreibe, haben sie in ihrer Welt eben andere Erfahrungen gemacht.

Deshalb verkrieche ich mich nicht, sondern lade ein in meine Welt. Jede Begegnung mit der Welt eines anderen kann meine Welt mehr oder weniger verändern, wenn ich offen dafür bin. Es wird mich freuen, wenn mein Buch in der Welt einiger Mitmenschen auch Spuren hinterlässt.

Eine andere Hilfestellung bieten mir die folgenden Regeln für eine resiliente Lebenshaltung:

Eine resiliente Lebenshaltung

1. Positive Emotionen verstärken durch Dankbarkeit und Bewunderung

2. Negative Emotionen entkräften durch Vergebung

3. Unvoreingenommene Wahrnehmung

Dankbarkeit, Bewunderung, Vergebung – diese Fähigkeiten wollen alle eingeübt werden, damit sie wirklich so verinnerlicht werden, dass sie auch in äußersten Stresssituationen verfügbar sind. Die unvoreingenommene Wahrnehmung, das Nichtbewerten, scheint mir jedoch am schwersten.

Die Erfahrung, ständig von irgendjemand bewertet zu werden und aus dieser Erfahrung heraus auch andere zu bewerten, hat tiefe Spuren hinterlassen, ist zu einem automatischen Programm geworden. Solche Programme erhalten in unserer Gesellschaft auch ständig neue Nahrung. Täglich sind wir von Bewertungen, Abwertungen, Vergleichen, Kämpfen umgeben.

Erlebnisse schaffen innere Bilder, schaffen Überzeugungen. Ein Wort, eine Geste, ein Bild können zum Auslöser für ein ganzes Programm werden, wie ein Knopfdruck am Computer. Unsere Überzeugungen bestimmen unser Verhalten, unsere Haltung dem Leben gegenüber und damit auch unsere Gesundheit.

Wenn ich meine Programme aber erkenne und sie verändern möchte, ist das schon ein bedeutender Schritt in die erwünschte Richtung. Ich werde mir bewusst, dass ich die Regie in meinem Kopfkino schon wieder an jemand anderes abgebe. Ich erinnere mich daran, dass ich mit Vergebung die Regie behalte. Ich gewähre dem Ärger keinen Zugang. Die Liebe soll der Hauptakteur in meinem Kopfkino und in meinem Lebensfilm werden.

Schuldzuweisung oder Selbstverantwortung?

Wenn ich das Verhalten anderer Menschen nicht bewerten will, finde ich natürlich auch keine Schuldigen für die Situation. Es bleibt mir nichts anderes übrig, als selbst die Verantwortung zu übernehmen.

Ich kann als erwachsener Mensch natürlich auch schreien oder jammern, weil meine Bedürfnisse nicht befriedigt werden, unzufrieden sein und Schuldige für meine Situation suchen. Aber wohin ich meine Aufmerksamkeit richte, das verstärke ich. Was will ich verstärken? Die Schuldzuweisung oder die Selbstverantwortung? Zu diesem Thema begleiten mich die folgenden Worte[12]:

> „Unsere Beziehungen können nur dann geheilt werden, wenn wir gewillt sind,
>
> ### Angst und Schuld loszulassen
>
> und uns selbst und anderen zu vergeben."

---

12 Gerald Jampolski, Die Kunst zu vergeben, S. 43

Es ist sehr wichtig, auch uns selbst zu vergeben. Selbst Verantwortung zu übernehmen heißt nicht, selbst schuld zu sein. Ich erfahre bei meiner Begleitung von Menschen immer wieder, welche Rolle Schuldgefühle im Leben spielen. Sie sind häufig auch in der frühen Kindheit entstanden. Schuldzuweisungen, die Erwachsene in eigener Stresssituation von sich gegeben haben, haben tiefe Wurzeln in den Kindern geschlagen.

Ob ich anderen für meinen Lebensfilm die Schuld gebe oder mich selbst mit Schuldgefühlen plage, Schuld erwartet Strafe. Wenn mich kein anderer bestraft, muss ich es selbst tun. Ich quäle mich mit einem schlechten Gewissen herum, was auch immer das nach sich ziehen mag. Kann Bestrafung zu Zu-frieden-heit führen? Fühle ich mich nach der Bestrafung wieder als wertvoller Mensch? Verhalte ich mich aus Einsicht anders oder aus Angst vor erneuter Strafe? Wozu kann Bestrafung also gut sein, wozu Schuldzuweisung?

Schuldzuweisung, ob an die eigene Adresse oder an andere, zieht automatisch Rechtfertigung nach sich. Wer will schon schuldig sein? Die Lösung, die den inneren und äußeren Frieden wiederherstellen kann, gerät durch Schuldzuweisung allmählich total aus dem Blickfeld. Was bleibt, ist Kampf. Also regiert nicht die Liebe, sondern die Angst, den Kampf zu verlieren. Auch die Situation, für die eine Lösung erforderlich war, kann aus dem Blick geraten. Ob ein Streit „im Kleinen" oder ein Kampf „im Großen", es kann allmählich schwer werden, sich an die Ausgangssituation, den Stein des Anstoßes, überhaupt zu erinnern. Die Kämpfenden entfernen sich immer weiter weg von einer Lösung. Wie können sie auch eine Lösung finden, wenn sie gar nicht mehr wissen, wofür, wenn sie gar nicht mehr wissen, was sie wollen.

Haben sie gelernt, dass es wichtig ist, zu wissen, was sie selbst wollen? Oder war das Erziehungsziel, gut zu funktionieren? Eine Frau hat mir erzählt, ihre Mutter habe ihr vermittelt, dass im Alter von vier Jahren der Wille eines Kindes gebrochen sein müsste. (Das hatte sie kundgetan, als sie bei ihrer Enkelin eigenen Willen bemerkt hatte.) Kann ein Mensch, dem aberzogen wurde, einen eigenen Willen zu haben, wachsen? Kann die Welt für ihn gestaltbar und bedeutsam sein? Mir fällt da eine Frau im Rentenalter ein, die einen anspruchsvollen Beruf ausgefüllt, aber immer funktioniert hatte. Sie hatte nie gelernt, ihre Zeit und ihr Leben selbst zu gestalten. Ihr fehlten jetzt die Regieanweisungen, und sie verfiel in tiefe Depressionen. Klinikaufenthalte bewertete sie danach, wie viel Zeit die Patienten beschäftigt wurden, wie viel der Zeit von Betreuern gestaltet wurde. Zeit, die nicht von anderen ausgefüllt wurde, konnte sie schwer aushalten.

Selbst Verantwortung zu übernehmen, setzt auch voraus, einen eigenen Willen haben zu dürfen, sein Leben selbst gestalten zu können.

Ein schönes Beispiel für einen eigenen Willen ist für mich die folgende kleine Geschichte:

Die Schuldfrage
Ein Passant ging die Straße entlang. Plötzlich stürzte ein Mann aus einem Hausausgang, so dass die beiden heftig gegeneinanderprallten.

Der Mann war furchtbar wütend, schrie und schimpfte und beleidigte den Passanten. Daraufhin verbeugte sich dieser mit einem milden Lächeln und sprach: „Ich weiß nicht, wer von uns an dem Zusammenstoß die Schuld trägt. Ich bin aber auch nicht gewillt, meine kostbare Zeit mit der Beantwortung dieser Frage zu vergeuden. Deshalb: Wenn ich die Schuld trage, entschuldige ich mich hiermit und bitte Sie für meine Unachtsamkeit um Verzeihung. Falls Sie der Schuldige waren, können Sie die Sache einfach vergessen." Er verbeugte sich noch einmal und ging mit einem Lächeln im Gesicht seines Weges.

Nach Antony de Mello" [13]

---

13 Andere Zeiten e.V, Oh! Noch mehr Geschichten für andere Zeiten, S.29

Pflege des Selbstwertgefühls

Wenn Liebe der Hauptakteur in unserem Leben sein soll, ist es wichtig, selbst Verantwortung zu übernehmen, immun gegen Abwertungen zu sein, uns selbst zu lieben und uns selbst zu verzeihen. Das wurde uns selten beigebracht. Das müssen wir uns selbst beibringen. Wir haben gelernt, täglich unsere Zähne zu putzen, unsere Haut, unsere Haare, unseren ganzen Körper zu pflegen, um gesund zu sein. Was unseren Körper anbelangt, haben wir eine gewisse Eigenverantwortung gelernt, haben wir die Erfahrung der Selbstwirksamkeit machen können. Wir haben gelernt, uns schön zu machen, damit andere uns mögen, uns bewundern oder beneiden.

Damit sich andere durch unser Verhalten nicht gestört fühlen, uns nicht ablehnen, sondern sogar mögen, haben wir vielleicht gelernt, uns anzupassen und zu funktionieren. Wenn ein Kind in der Schule Verhalten zeigt, dass von seinem Umfeld schwer zu tolerieren ist, gibt es jetzt für das Umfeld häufig Medikamente, die das Kind einzunehmen hat. Kann das Kind sich damit aber geliebt, akzeptiert und angenommen fühlen? Zeigt es dieses unerwünschte Verhalten, weil es sich geliebt, akzeptiert und angenommen fühlt, weil es in Geborgenheit wachsen kann? Kann es wie die alte Indianerin in der Geschichte sagen: „Ich liebe mich, wenn ich bei euch bin."?

Deshalb lade ich gerade Eltern zu den nachfolgend beschriebenen Ritualen ein:

Alltagsrituale für die Pflege des Selbstwertgefühls

Die Sehnsucht nach Wachstum und Geborgenheit begleitet uns in jedem Lebensalter. Im Kindesalter sind wir aber noch völlig abhängig von unserem Umfeld. Im Erwachsenenalter fällt es uns natürlich umso schwerer, zu unserem Selbstwertgefühl zurückzufinden, je mehr es uns im Kindesalter abhanden gekommen ist. Die Alltagsrituale, die ich hier vorstellen will, sind für Menschen in jedem Lebensalter anwendbar. Mit diesen Ritualen kann auch ein Erwachsener sich zum Beispiel auf eine wohltuende Nachtruhe vorbereiten.

Doch jetzt zu Eltern und Kindern:

Ich weiß von vielen liebevollen Eltern, dass sie sich durch den Schulalltag oder auch schon durch den Kindergartenalltag vor scheinbar unüberwindbare Hürden gestellt sehen. Ich wünsche ihnen und ihren Kindern von ganzem Herzen, dass sie sich immer sagen können: „Ich liebe mich, wenn ich bei euch bin."

In einigen Familien gibt es ein tägliches Abendritual, indem die Eltern ihre Kinder oder ihr Kind zu Bett bringen.

Wie auch immer es gestaltet wird, ist allein die Tatsache, dass Mutter oder Vater oder sogar beide Zeit für das Kind haben, schon ein Zeichen der Wertschätzung für das Kind.

Dieses schon übliche Ritual oder auch ein neu einzuführendes kann zu einer effektiven nachhaltigen Pflege des Selbstwertgefühls gestaltet werden. So wie das Zähneputzen immun gegen Karies machen soll, kann dieses Ritual immun gegen Abwertungen machen und das Selbstwertgefühl stärken. Damit wird eine gute Grundlage für die inneren Bilder und das lebenslängliche Kopfkino gelegt.

Die Lasten des Tages werden zurückgelassen, so dass auch ein ruhiger Schlaf gefördert wird und danach der neue Tag unbeschwert begonnen werden kann.

In einem gemütlichen, liebevollen Miteinander zwischen Mutter oder Vater mit Kind kann der Tag noch einmal Revue passieren. Wenn der Tag voller angenehmer Ereignisse war, tut es dem Kind sicher gut, von den Erlebnissen auch Mutter oder Vater zu berichten. (Resiliente Lebenshaltung: Positive Emotionen verstärken durch Dankbarkeit und Bewunderung.) Wenn es unangenehme Erlebnisse gab, ist es noch wichtiger.

> **Das Gehirn lernt immer. Der Körper speichert alles.**
> **Was ich gelernt habe, bestimmt mein Leben.**
> **Ist das Gelernte hilfreich oder macht es mir Stress?**

Ein Ereignis, das mit starken Emotionen verbunden ist, prägt sich besonders ein.

Hat das Kind im Laufe des Tages erfahren, dass es sich mit seinem Verhalten oder mit seiner Leistung nicht angenommen fühlen konnte? Hat es Abwertung erfahren?

Hat es miterlebt, wie Mitschüler Abwertung erfahren haben? Wie fühlt sich das Kind damit? Wo hat es sich geschämt, war es wütend oder ängstlich? Wo fühlte es sich in seinem natürlichen Gerechtigkeitsempfinden gestört? Vertrauensvoll kann das Kind alles aussprechen. Die Liebe führt Regie bei diesem Miteinander. Das Kind braucht keine Angst zu haben, dass es von seinen Eltern jetzt auch noch abgewertet wird (Resiliente Lebenshaltung: negative Emotionen entkräften durch Vergebung. Sich selbst und anderen vergeben).

Mutter oder Vater oder eine andere vertraute Person hält während dieses Rituals liebevoll die Stirn des Kindes (Oder das Kind hält sich die Stirn auch selbst.). Damit wird die Durchblutung des Vorderhirns angeregt und dem Gehirn ein zusätzliches Zeichen gegeben, dass es um eine Herausforderung geht, nicht um das Überleben. Geborgen in der liebevollen Gegenwart von Mutter oder Vater kann in diesem Bericht alles akzeptiert werden, wie es war, also der Ist-Zustand. Nach dem Bericht kann die Regiearbeit beginnen, das Wachsen an den Herausforderungen. Die Regie liegt bei dem Kind. Die Eltern sind liebevolle Impulsgeber.

„Wie wäre der Tag schöner für dich gewesen?" „Wie hättest du dich anders verhalten können?" „Was hättest du lieber von deiner Lehrerin gehört?" „Was meinst du, warum sie das nicht gesagt hat?" „Was hättest du dir von deinen Mitschülern gewünscht?" In ihrer Liebe wird den Eltern sicher das jeweils Passende einfallen. Auf diese Weise wird dem Wunsch-Zustand Raum gegeben. Wissen, was ich will!

Auch die Eltern können in dieser Situation in Geborgenheit wachsen. Ihre ganze Kreativität ist gefragt, in einem Regie-Spiel, das auch für sie zunächst neu ist. Staunend erlebe ich immer wieder, wie gut und kreativ sich Kinder in der Einzelarbeit darauf einlassen können, wenn sie mit Mutter, Vater oder Großmutter bei mir sind. Wenn die Eltern sich unsicher sind, trauen sie häufig auch ihren Kindern keine neuen Schritte zu. Überhaupt wünsche ich allen Kindern, dass die Erwachsenen sie respektieren, an sie und ihr Potenzial glauben und es damit fördern (Verstärkt wird das, worauf die Aufmerksamkeit gerichtet wird.). Schön, wenn sich Eltern und Kind gemeinsam auf den Weg begeben können.

Wenn dieses Ritual wirklich zu einem täglichen Ritual wird, wird das Kind auch in der Schule immer sicherer in seinem Verhalten werden. Es hat schon so viele gute Beispiele in seinem Kopf. Häufig ist es doch so, dass dem Kind vermittelt wird, dass es nicht in Ordnung ist, es aber selbst gar nicht weiß, wie es sich anders verhalten kann. Es fühlt sich nur abgelehnt, also nicht geborgen, sondern in höchster Not, in der es nur mit seinen Überlebensprogrammen reagieren kann. Je öfter ein Kind solche unangenehmen Situationen erlebt, desto tiefer prägen sich die Verhaltensweisen als Muster ein. Es hat viele innere Bilder dafür, wie es nicht sein will, wie es nicht sein soll.

Wissen, was ich will, und es geschehen lassen. Das „Wissen-was-ich-will" kann das Kind bei dem Abendritual erkunden. In seinem Kopfkino kann es schon laufend das erwünschte Verhalten proben.

Regieanweisung für mein Kopfkino

Bilder, die mir Angst machen,
ersetze ich durch andere,
mit denen es mir gutgeht.

Dazu halte ich mir
die Stirnpunkte
und stelle mir das,
was mir Angst macht,
noch einmal vor.

Dann verändere ich die Bilder einfach so,
dass es mir damit gutgeht.

Dieses Ritual kann durch ein anderes ergänzt werden, um die Selbstakzeptanz zu verinnerlichen.

> Mutter/Vater und Kind sitzen beieinander, klopfen beide die leicht geschlossenen Fäuste kleinfingerseitig gegeneinander und sagen:
> „Ich mag mich so, wie ich bin."

Dabei werden zwei wichtige Akupunkturpunkte stimuliert, die Handkantenpunkte (Karatepunkte – Handfalte in Höhe des Kleinfingerknöchels).

Auf diese einfache Weise können Blockaden gelöst werden. Ja, es kann sogar verhindert werden, dass Blockaden entstehen. Der Satz kann durch das jeweilige Problem ergänzt werden, das zu Selbstablehnung führen könnte:

„Auch wenn ich in Mathe eine „5" hatte, mag ich mich so, wie ich bin."

„Auch wenn ich die Hausaufgaben vergessen hatte, mag ich mich so, wie ich bin."

„Auch wenn ich mich über ... geärgert habe und ihn deshalb geschubst habe, mag ich mich so, wie ich bin."

„Auch wenn ... mich geschubst hat, mag ich mich so, wie ich bin."

Es ging um mein Verhalten, nicht um meine Person!

Das betrifft natürlich nicht nur die Kinder. Wenn auch die Eltern die Selbstakzeptanz verinnerlichen, wird der Familienalltag um einiges angenehmer. Häufig erhöhen die Eltern den Stress ihrer Kinder noch, weil sie sich selbst schuldig fühlen, weil sie sich schämen, dass ihr Kind keine bessere Leistung bringt. Wenn der Stress aber wächst, kann weder das Selbstwertgefühl noch die Leistung wachsen. Die Liebe wird verdeckt.

Also: „Auch wenn mein Sohn / meine Tochter wieder eine „5" hatte, mag ich mich so, wie ich bin."

Die Form, mit leicht geschlossenen Fäusten die Handkantenpunkte zu klopfen, halte ich besonders für kleinere Kinder als gut geeignet. Größere Kinder und Erwachsene ziehen es vielleicht vor, mit den Fingerspitzen einer Hand den Handkantenpunkt der anderen Hand zu klopfen und dazu zu sagen: „Auch wenn ich... (Problem), liebe und akzeptiere ich mich." – Das heißt auch immer, dass ich mir mein Verhalten selbst vergebe. Ich muss mich nicht mehr darüber ärgern, ich brauche auch keine Schuldgefühle mit mir herumzutragen. Das heißt auch, den Ist-Zustand zu akzeptieren. Heute war es eben so. Nächstes Mal kann es anders sein. Dieses Ritual kann zu jeder Tageszeit praktiziert werden. Wenn die zweite Form gewählt wird, kann es ganz dezent auch in jeder aktuellen Situation hilfreich sein. Die Worte denkt man sich dann eben nur.

Selbstakzeptanz verinnerlichen

Auch wenn ich... (Problem),
liebe und akzeptiere ich mich.

(Es geht um das Verhalten,
nicht um die ganze Person.)

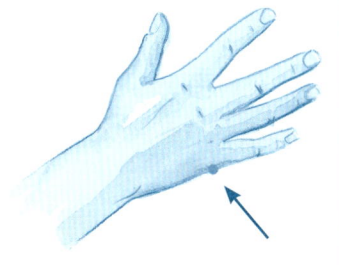

Handkantenpunkt klopfen

Sorgen oder entsorgen?

Heute war es eben so. Nächstes Mal kann es anders sein. Mit dieser Haltung muss ich mir keine Sorgen machen. Ich weiß, dass es auch anders sein kann und muss deshalb keine Angst davor haben, dass das unerwünschte Erleben sich wiederholt.

Was bedeuten Sorgen? Sorgen, vorsorgen, nachsorgen, Fürsorge, sich Sorgen machen. Immer sorgen? Sorgen sind nicht naturgegeben da. Ich mache sie mir. Sie sind meine Schöpfung. Was brauche ich dazu? Die Erwartung, dass etwas Unerwünschtes eintreten könnte, die Angst, dass ich zu Schaden kommen könnte. Vor-Sorge treffen: aus Angst vor morgen schon heute nicht leben? Nach-Sorge betreiben: die Angst, dass es mir jederzeit wieder schlecht gehen könnte, weil es mir ja gestern auch schlecht ging? Weil es mir gestern schlecht ging, kann ich auch heute nicht leben?

Sorgen sind ein Gestaltungsmittel für mein Kopfkino. Sie sind innere Bilder der Angst. Was verstärke ich, wenn ich mir Sorgen mache? Nähre ich das, was ich will, oder das, was ich nicht will? Wissen, was ich will, und es geschehen lassen, statt Bilder der Angst zu malen.

> **Sorgen sind Angst,**
> **etwas Erwartetes könnte nicht eintreten**
> **oder etwas Unerwünschtes könnte eintreten.**

Wozu sind Sorgen gut? Können wir mit unseren Sorgen verhindern, dass das Unerwünschte geschehen kann? Können wir mit unseren Sorgen darauf einwirken, dass das Erwünschte geschieht? Wem nützen die Sorgen also?

Stärken die Sorgen die Liebe oder die Angst? Bisweilen kommen die Sorgen getarnt als Ausdruck der Liebe daher. Sich um jemand Sorgen machen. Damit werden die Sorgen auch noch verbreitet. Je mehr wir sie nähren, desto stärker werden sie natürlich. Können unsere Sorgen den Menschen, um den wir uns sorgen, stärken? Oder schwächen sie ihn zusätzlich? Können Sorgen die Situation verbessern? Machen Sorgen das Leben leichter? Machen Sorgen der Eltern den Kindern Mut oder Schuldgefühle?

> **Hat ein Kind Angst, weil es etwas nicht kann?
> Oder kann es etwas nicht, weil es Angst hat?**

Angst verhindert klares Denken. Wenn ich Kinder frage, warum sie etwas können möchten, bekomme ich bisweilen zur Antwort: „Damit ich eine gute Note bekomme." Auf meine nächste Frage, wozu die gute Note gut ist, höre ich: „Dann freut sich Mama." Kinder möchten ihren Eltern keine Sorgen machen. Häufig wird ihnen auch noch gesagt: „Du machst mir Sorgen." Also sind Sorgen nur dazu da, die Ängste zu verstärken? Wollen wir sie dann nicht lieber aus unserem Kopfkino entsorgen? Sind Sorgen nicht nur ein Ausdruck mangelnden Vertrauens in das Leben? Wollen wir da nicht lieber die Liebe unser Denken bestimmen lassen? Wissen, was ich will, und es mit vollem kreativen Potenzial unterstützen. Unsere Unterstützung kann dann einen möglichen Durchhänger, welcher Art auch immer, bestenfalls sogar ausgleichen.

Sorgen entsorgen

„Werft ab alle Sorgen und Qual und wandert mit uns durch das Tal...", so heißt es in einem Volkslied. Dieses Lied hat sicher „einige Jährchen auf dem Buckel". Die Erkenntnis, dass Sorgen zu nichts gut sind, ist also durchaus nicht neu. Dass Menschen von „den Bildern der Vergangenheit heimgesucht werden", höre ich auch immer wieder. Andere sprechen davon, dass ihr Kopfkino sie nicht schlafen lässt, dass sie nicht aus ihrem Gedankenkarussell aussteigen können.

Der Gehirnforscher Professor Dr. Gerald Hüther hat in seinem Buch „Die Macht der inneren Bilder – Wie Visionen das Gehirn, den Menschen und die Welt verändern" unter anderem geschrieben: „***Es gibt innere Bilder, die Menschen dazu bringen, sich immer wieder zu öffnen, Neues zu entdecken und gemeinsam mit anderen nach Lösungen zu suchen. Es gibt aber auch innere Bilder, die Angst machen und einen Menschen zwingen, sich vor der Welt zu ver-***

schließen. Es gibt Bilder, aus denen Menschen Mut, Ausdauer und Zuversicht schöpfen, und solche, die Menschen in Hoffnungslosigkeit, Resignation und Verzweiflung stürzen lassen... Viel zu lang haben wir ahnungslos zugelassen, dass unsere inneren Bilder als unbewusste Vorstellungen in unseren Köpfen herumschwirren und unser Leben, die Nutzung unserer Gehirne und die Gestaltung unserer Lebenswelt bestimmen. Es ist deshalb Zeit zu begreifen, was diese inneren Bilder sind, wie sie entstehen und woher sie kommen. Nur wenn wir uns der Herkunft und der Macht dieser Bilder bewusst werden, können wir auch darüber nachdenken, wie wir es anstellen, dass künftig wir *die Bilder und nicht die Bilder* uns *bestimmen."* [14]

Das alles bestärkt mich in der Annahme, dass es für mich und für jeden Menschen ein heilsamer Weg sein kann, die Sorgen zu entsorgen und damit die Resilienz zu stärken. Leichter gesagt als getan? Dank kreativer Menschen, die sich auch des Zugangs zu ihren Gaben, zu ihrer Intuition erfreuen, bahnen sich auf allen Ebenen neue Erkenntnisse ihren Weg.

Ich freue mich, dass mich Erkenntnisse erreicht haben, wie innere Bilder mit einfachen Ritualen verabschiedet und damit entmachtet werden können. Diese Erkenntnisse

---

14 Hüther, Die Macht der inneren Bilder – Wie Visionen das Gehirn, den Menschen und die Welt verändern, S.9f

konnten mich erreichen, weil meine inneren Bilder es zuließen, mich *„immer wieder zu öffnen, Neues zu entdecken und gemeinsam mit anderen nach Lösungen zu suchen."* Deshalb kann ich Sie jetzt einladen, inneren Bildern, die Sie daran hindern, das Leben täglich zu genießen, die Macht über Ihr weiteres Leben zu nehmen und Ihren Lebensfilm in eigener Regie zu gestalten.

Abschiedsrituale für Sorgen & Co

Als Erstes gilt es zu erkennen, welche inneren Bilder Sie behindern. Worüber ärgern Sie sich? Was kommt Ihnen immer wieder hoch? Woran können Sie gar nicht denken, ohne dass Ihnen übel wird? Was können Sie sich selbst oder anderen nicht verzeihen? Was bereitet Ihnen Kopfschmerzen oder Bauchschmerzen? In welchen Situationen verschlägt es Ihnen die Sprache? Bei solchen Gedanken sind Sie also in Ihren Überlebensprogrammen, wobei einige der 1 400 chemischen und physikalischen Veränderungen in Ihrem Körper stattfinden. Wenn solche Gedanken Ihr Kopfkino oft bestimmen, kann Ihr Lebensfilm zu einem Horrorfilm werden, nicht zu einem Liebesfilm. (Sie können natürlich auch sagen, dass Liebesfilme langweilig, Horrorfilme spannend sind. – Sie haben die Wahl entsprechend Ihrer derzeitigen inneren Bilder.)

Die Stirn halten

Wenn Sie Bilder, die Ihnen nicht guttun, verabschieden wollen, können Sie die schon genannte Regieanweisung für Ihr Kopfkino befolgen. (vgl. S. 58)

Sie können mit der gerade erlebten Situation beginnen, in der Sie unzufrieden waren. Die erlebten Symptome haben Ihnen den Hinweis darauf gegeben, dass Sie in Panik geraten sind, jedenfalls jenseits Ihrer Kreativität waren.

Mit dem Stirnhalten aktivieren Sie Ihre kreativen Zentren, lassen den gerade erlebten Film noch einmal ablaufen und verändern ihn dann mit Ihrer vollen Kreativität. Vielleicht kommen Ihnen auch noch ältere Bilder von ähnlichen Situationen in den Sinn. Mit diesen gehen Sie dann genauso um. Wenn Ihnen bewusstwird, wo diese Bilder in früher Kindheit entstanden sein können, und diese auch mit diesem Ritual verabschieden, haben Sie das Programm, die Überzeugung oder die inneren Bilder damit entmachtet. Sie können das daran erkennen, dass Sie ruhig an die Ereignisse der Vergangenheit denken oder auch darüber sprechen können, ohne die vorher erlebten Symptome.

Die Symptome zeigten sich aufgrund der Emotionen, mit denen die belastenden Erlebnisse verbunden waren. Indem Sie sich der alten Bilder bewusstgeworden sind und ihnen neue entgegengesetzt haben, haben Sie auch Vergebungsarbeit geleistet. (vgl. S. 41ff.)

Die Menschen haben sich so verhalten, wie sie es zu dem gegebenen Zeitpunkt konnten. Sie haben nach ihren inneren Bildern gehandelt, nach ihren Überzeugungen, nach ihren Programmen. Sie haben so gehandelt, wie sie es durch eigene Erfahrungen gelernt hatten. Wenn *Sie* Ihnen jetzt weiterhin grollen, macht *Ihr* Groll *Sie* krank, weil die Stresshormone bei jedem Gedanken an das damals erfahrene Leid *Ihre* Körperprozesse steuern.

Wenn Sie die damalige Situation in Ihrer Vorstellung jetzt umgestalten, können Sie die beteiligten Personen, auch sich selbst, mit den Gaben ausstatten, die ihnen damals nicht zur Verfügung standen. Sie können davon ausgehen, dass sich jeder gern als liebevoller, liebenswürdiger und achtsamer Mensch verhalten hätte, wenn er es in der Situation gekonnt hätte.

Ich kann Ihnen empfehlen, dieses Ritual so oft wie möglich durchzuführen, sobald Ihnen eine Erinnerung kommt, mit der es Ihnen nicht gutgeht. Wenige Minuten Achtsamkeit genügen, damit diese Erinnerung beim nächsten Mal einfach als eine Tatsache der Vergangenheit auftaucht, ohne irgendwelche unangenehmen Emotionen und Symptome. Dann können Sie sich sagen: „So war das in meiner Vergangenheit. Die Vergangenheit ist vorbei. Sie lebt nur in meiner Erinnerung. Ich lebe jetzt."

Ich höre bisweilen: „Ach, das habe ich längst vergeben. Das ist für mich kein Thema mehr." Im gleichen Atemzug wird dann über das Verhalten des Vaters, der Mutter oder einer anderen Person so geschimpft, dass sich alle mit unwohl fühlen, die sich das anhören müssen. Das zeugt nicht davon, dass die Sache vergeben ist. Wenn die belastenden inneren Bilder so massiv nach außen drängen, ist es ein Zeichen dafür, welche Macht dieses Thema und diese inneren Bilder noch haben. Aber jeder hat seinen Weg und seine Zeit, sich dem Leben, das vor ihm liegt, zuzuwenden oder dem Leben im Rückspiegel zuzuschauen.

Ich erinnere an die „Resiliente Lebenshaltung": Negative Emotionen entkräften durch Vergebung. (vgl. S. 47)

Zwei Beispiele:

In einem Seminar für Menschen über 50 wird Lilly (Name geändert) bewusst, welch traumatische Erfahrungen ihr das Verhalten einer Lehrerin eingebracht hatte, deren Unterricht sie von 12 bis 15 Jahren zu besuchen hatte.

Die Kinder freuten sich über eine neue, junge Lehrerin. Sie sollte Musik und Sport unterrichten. Lilly liebte Musik über alles. Sie sang gern, hörte gern Musik, hätte auch gern ein Instrument gespielt, doch das konnten ihre Eltern ihr nicht ermöglichen.

Als Erstes hatten die Kinder in einer Klassenarbeit „Die Moldau" zu interpretieren. Lilly war mit Eifer dabei. Die Lehrerin las Lillys Arbeit als einzige Arbeit der ganzen Klasse vor.

War Lillys Arbeit so besonders gut oder besonders schlecht? Sie diente als schlechtes Beispiel, wie es sich herausstellte. Die Lehrerin lachte darüber und die ganze Klasse mit. (Dieses Erleben hat Lilly in dem Seminar in der beschriebenen Weise verabschiedet.)

Die Kinder durften auch verschiedene Instrumente ausprobieren. Lilly nicht. Sie durfte nur ein Waschbrett ausprobieren, worüber wieder die ganze Klasse lachte. (Stirnhalten und Umdenken im Seminar)

Natürlich wollte Lilly auch gern im Chor mitsingen. Es wurde ein spanisches Lied gesungen, in dem an einer Stelle ein „R" zu rollen war. Das konnte Lilly nicht. Diese Textstelle hatte Lilly immer wieder vorzusingen und sich dem Gelächter ihrer Mitschüler auszusetzen. Anschließend schickte die Lehrerin sie in die letzte Reihe. (Stirn halten – umdenken)

Seit ihrem 15. Lebensjahr hatte Lilly nicht mehr gesungen. In ihrem Lieblingsfach Musik hatte sie eine 4 bekommen. Mit 15 Jahren hatte sie ihr musikalisches Talent begraben. Ihre Liebe zur Musik nährte sie nur noch passiv über das Hören.

Nachdem Lilly diese Erlebnisse mit Stirnhalten verarbeitet hatte, fand sie auch wieder den Zugang zu ihrem Potenzial. Sie sang uns allen das Lied von damals vor, staunte über sich selbst und sagte: „Wenn ich das meiner Tochter erzähle! Ich habe gesungen! Und das vor fremden Menschen!" Zum Abschluss des Seminars bat ein Teilnehmer sie, noch einmal zu singen. Wir hörten das Lied noch einmal.

Lilly war auch eine Wasserratte, wie sie erzählte. Im Sportunterricht vermittelte ihr die Lehrerin jedoch, dass man so nicht schwimme, dass Lilly völlig falsche Bewegungen mache. Wieder Auslachen, wieder Verschütten eines Potenzials. Nach dem Verarbeiten wollte Lilly mit ihrer erwachsenen Tochter wieder schwimmen gehen.

Ich frage mich: Womit hat dieses Mädchen ein so destruktives Programm in dieser Lehrerin aktiviert. Auf welchen Reiz reagierte das Unterbewusstsein der Lehrerin in dieser erlernten Weise? Durch welches Erleben hatte die Lehrerin ein solches Verhalten gelernt? Welche inneren Bilder leiteten diese Lehrerin? Man kann ihr nur vergeben und ihr wünschen, dass sie dieses Programm inzwischen von ihrer „Festplatte" löschen konnte.

Lillys Geschichte ermutigte auch Peter dazu, das Thema „Schwimmen" näher zu beleuchten. Peter hatte in dem Seminar schon seine Höhenangst abgelöst, die sich aus einem Erlebnis mit 3 Jahren ergeben hatte, jetzt mit 52 Jahren berichtete er uns auch, dass er, obwohl er auf einer schönen Insel in der Ostsee aufgewachsen ist, Nichtschwimmer ist, dass er den Strand und jedes Gewässer meidet.

Wie war es dazu gekommen? In der Grundschule gab es Schwimmunterricht. Die Kinder standen in einer Reihe am Beckenrand und das erste hatte jeweils vom Beckenrand ins Schwimmbecken zu springen. Der Blick vom Beckenrand auf das Wasser bereitete Peter großes Unbehagen. Deshalb reihte er sich immer wieder hinten ein, damit er nicht zum Hinunterspringen an die Reihe kam. Das entging dem Lehrer natürlich nicht. Er packte Peter am Arm und warf ihn ins Wasser. Ein traumatisches Erlebnis für Peter. Mit der Weisheit eines Kindes wollte er sich solchen Situationen nicht wieder aussetzen. Also ging er nicht mehr zum Schwimmunterricht. Damit seine Eltern es nicht merkten, kam er mit nasser Badehose heim, die er vorher unter die Wasserleitung gehalten hatte.

Dann kam aber eines Tages ein Brief von der Schule. Die Mutter war ungehalten. Um den drohenden Schlägen zu entkommen, lief der Junge weg, Mutter immer hinterher. Die Wohnung war so geschnitten, das der Junge immer im Kreis herum von einem Zimmer ins andere laufen konnte. Mutter immer hinterher. Bei dem Jungen wuchs die Angst, bei der Mutter die Wut. In ihrer Wut ergriff die Mutter auch noch einen Handfeger. Das erhöhte die Angst und das Fluchttempo des Jungen natürlich noch mehr. Dann warf die Mutter, der Junge duckte sich und der Handfeger traf auf einen großen Spiegel, der am Boden stand. Der Spiegel ging zu Bruch, was die Mutter zu dem Ausruf „Sieben Jahre Pech!" veranlasste.

Das alles sind Erlebnisse, die zu dem Thema Schwimmen gespeichert sind, die unmittelbar miteinander verknüpft sind. Wie ging die Geschichte weiter? Sobald Peter ins Schwimmbad kam, wurde ihm übel und er musste sich übergeben. Bei jedem Chlorgeruch wird ihm übel. Also mehr als sieben Jahre Pech! Das Potenzial zu schwimmen, konnte sich damit nicht entfalten. Mit dem Stirnhalten und in der Vorstellung, sowohl den Lehrer als auch die Mutter mit dem Einfühlungsvermögen und der Achtsamkeit auszustatten, die damals hilfreich gewesen wären, konnte das Schwimmen und der Chlorgeruch von dem Verhalten der Erwachsenen getrennt werden. Der Gedanke an Chlorgeruch und Schwimmen rief keine Übelkeit mehr hervor wie bisher. Ich wünsche Peter den Mut, einen Schwimmkurs für Erwachsene zu besuchen, damit er auch das Wasser und den Strand genießen kann, wenn er einmal wieder in seine Heimat fährt. Außerdem wünsche ich ihm die Erfahrung, dass verschüttetes Potenzial in jedem Lebensalter freigelegt und gelebt werden kann.

Lilly konnte uns etwas vorsingen, bei Höhenangst kann jeder vorher aus dem Fenster sehen und nach dem Abschiedsritual wieder, um den Unterschied zu erleben. Peter konnte uns im Seminarraum nicht an der Veränderung teilhaben lassen.

Ho´oponopono

Ein anderer hilfreicher Weg, zu Vergebung zu finden, ist aus dem Hawaiianischen zu uns gekommen. Ich frage mich: Wenn ich mich so verhalten würde, wie diese Person, mit der ich Probleme habe, warum würde ich mich so verhalten? Ich gehe in mich, um auf diese Frage zu antworten, achte auf das Gefühl, das sich dabei einstellt, und schließe damit ab, dass es mir leid tut, dass ich mir vergebe, mich trotzdem liebe und dankbar für die neue Erkenntnis bin.

Das kann ich für jede Situation tun, in der mich etwas stört oder ärgert. Immer geht es um meinen Frieden, darum, dass in mir die Liebe regieren kann. Meine Gedanken sind es, die mir Ärger bereiten. Ohne meine Bewertung des Verhaltens des anderen gäbe es keinen Ärger in mir. Dieses Ritual hilft mir, zu meiner Gelassenheit zurückzukehren. Ich kann den anderen so lassen, wie er ist. Ich kann aber erkunden, was in mir ist. Wenn ich mich so verhalten würde, was wären meine Beweggründe? Damit kann ich verstehen, dass aus eigenen Problemen und Sichtweisen so ein Verhalten möglich ist. Ich erlebe das Verhalten des anderen nicht mehr als Angriff auf mich selbst.

Ho′oponopono

Jedes Problem
– eine Chance zu vergeben

Wenn ich mich so verhalten würde,
wie die Person,
über die ich mich aufrege,
warum würde ich mich so verhalten?

Wie fühle ich mich,
wenn ich mich so verhalte?

Es tut mir leid.
Ich vergebe mir, ich vergebe dir.
Ich liebe mich, ich liebe dich.

Danke, Danke, Danke
für diese Erkenntnis.

Dieses Ritual praktizieren wir in meinen Seminaren oder auch in der Einzelarbeit mit erfreulichem Erfolg. Es hängt allerdings davon ab, worauf sich der Einzelne einlassen kann.

Dabei denke ich an ein Kind, das mit seiner Großmutter bei mir war. Es gab Schulprobleme. Das Kind fühlte sich in der Schule überhaupt nicht wohl. Als Grund dafür nannte das Kind das laute Schimpfen der Lehrerin. Diese Situation haben wir mit diesem Ritual bearbeitet. Es ist mir immer wieder eine Freude, zu erleben, wie Kinder sich darauf einlassen können. Wie das Kind so wird auch die Lehrerin immer lauter, wenn es in der Klasse laut ist. Das Kind hat die Situation in der Schule danach anders erlebt. Es fühlte sich nicht mehr persönlich angegriffen.

Ein Mann war bei mir, weil er sich auf seiner Arbeitsstelle sehr unwohl fühlte. Er kam überhaupt nicht mit seinem Kollegen klar. Sie erlebten sich nur als Konkurrenten, die sich gegenseitig nicht anerkennen konnten. Nachdem der Mann sich mit diesem Ritual beschäftigt hatte, veränderte sich das Verhältnis für beide Seiten sehr erfreulich.

Eine Frau war bei mir, weil das schlechte Verhältnis zu ihrem Bruder sie so sehr belastete.

Mit Tränen in den Augen erzählte sie mir, dass sie Weihnachten nicht zu ihrer Mutter fahren wollte, weil sie dort wieder ihrem Bruder begegnen würde, der sie überhaupt nicht beachtete. Das Nachspüren „Wenn ich mich so verhalten würde…" half ihr, innerlich schon einmal Frieden mit sich und ihrem Bruder zu schließen. Wie sie erzählte, war ihr jeder Kontakt mit ihrem Bruder so unangenehm, dass sie bei Geburtstagen des Bruders immer ihren Mann anrufen ließ, damit der im Namen der Familie gratulierte. Nach diesem Ritual rief sie nach Jahren wieder einmal selbst an, um dem Bruder zu gratulieren. Weihnachten fuhr ihre Familie auch zum geplanten Familientreffen bei der Mutter. Die Begegnung mit dem Bruder gestaltete sich als eine einzige Freude. Wie die Frau berichtete, suchte ihr Bruder, der sie bisher so schmerzlich missachtet hatte, bei diesem Besuch immer ihre Nähe. Wo es möglich war, setzte er sich zu ihr. Ihre Töchter, die bislang auch keine Aufmerksamkeit erfahren hatten, bekamen diesmal ein bemerkenswertes Weihnachtsgeschenk.

Als ein Geschenk kann ich auch dieses Ho`oponopono ansehen. Eine alte Weisheit aus Hawaii besagt: „Wenn ein Mitglied der Familie unglücklich ist, ist die ganze Familie unglücklich." Das Erleben dieser Mutter ist für mich ein wunderbares Beispiel dafür.

In einer Gruppe angewandt, bringt dieses Ritual noch mehr heilsame Erkenntnisse, denn jeder Teilnehmer geht auf etwas anderes in Resonanz. Jeder Teilnehmer kommt zu einer ganz persönlichen Antwort auf die Frage „Wenn ich mich so verhalten würde..." In meinen Seminaren ist häufig das Verhältnis zwischen Mutter und erwachsener Tochter ein Thema. Wenn Teilnehmer zu einem nächsten Seminar kommen, berichten sie, wie sich das Miteinander inzwischen verändert hat. Mit Ho`oponopono haben sie neue Erfahrungen machen können. Sie konnten Angst und

Schuld loslassen und sich selbst und anderen vergeben. Dadurch wurde die Beziehung geheilt. (S. 49) Ihre Welt war wieder verstehbar, gestaltbar und bedeutsam geworden. Sie konnten zur Verbundenheit zurückfinden und an der gemeisterten Situation wachsen. Mit anderen Worten: Durch Ho`oponopono haben sie ihre Resilienz gestärkt. Das ist dann auch für andere Teilnehmer Motivation, sich daran zu erinnern, dass auch sie selbst Regie in ihrem Lebensfilm führen können, dass sie nicht hilflos den Beziehungen ausgeliefert sind.

Ho`oponopono bedeutet „etwas richtigstellen" oder „etwas zurechtrücken". Wenn ich in mir etwas richtigstelle oder zurechtrücke, kann sich auch in meinem Umfeld etwas zurechtrücken. Das tut dann mir und meinem Umfeld gut. Wenn ich dieses Ritual häufig praktiziere, werde ich immer stabiler und strahle etwas aus, womit es auch anderen gut geht. Ich bin einfach frei. Mein Wohlbefinden hängt nicht mehr vom Verhalten des anderen ab.

Mit meinem Verhalten verbreite ich aber ein Klima, in dem sich der andere auch besser fühlen kann. Ich sende Liebe statt Angst aus. Alles, was ich zu der Veränderung der Situation getan habe, ist, dass ich meinen Gedanken eine andere Richtung gegeben habe. Die Veränderung in meinem Kopfkino führte zur Veränderung von Beziehungen in meinem Leben. Ist das nicht wunderbar? Ich bin froh, dass ich auf diesen Weg geraten bin, der mir solche Erkenntnisse beschert, der mich offen sein lässt für das Wunderbare, für das, was mein Verstand nicht unbedingt immer nachvollziehen kann. Ich kann es aber erleben. Ich kann es erfahren. Und jeder kann seine eigenen Erfahrungen machen, für sich im Stillen oder auch in einer Gruppe. Die Methode bietet Anregung. Wie jeder das Ritual für sich gestaltet, ist ihm freigestellt. So erzählte mir unlängst eine Frau, dass sie das Wort Ho`oponopono einfach fröhlich ausspricht, weil es ihr so gefällt. Das führt dann auch schon zu einem Stimmungswechsel.

Wichtig ist, ob ich mit meinem Denken auf dem „Pfad der Liebe" oder auf dem „Pfad der Angst" bin. (S. 27)

Segen denken

Segnungen sind so alt wie die Menschheit selbst. Sie erstrecken sich auf viele Religionen und Kulturen und sämtliche Lebensumstände. Jeder Mensch kann sich aber auf einen ganz persönlichen Weg des Segnens begeben.

Pierre Pradervand, der Autor des Buches „Segnen heilt", berichtet, wie er selbst zu seinem persönlichen Weg des Segnens gekommen ist. Es gab in seinem Berufsleben eine Situation, in der er eine schwere Entscheidung zu treffen hatte: *„entweder meinen Job zu behalten und eine Situation zu akzeptieren, die die grundlegendste Berufsethik ver-*

letzte – oder zu kündigen... Also kündigte ich... In den Wochen danach entwickelte ich gegen die Leute, die mich in diese unmögliche Situation gebracht hatten, einen tiefen, allumfassenden Groll, wie ich ihn noch nie erlebt habe."[15]

Dieser Groll fraß ihn auf, raubte ihm seinen inneren Frieden. Er wurde buchstäblich vergiftet. Er schreibt: *"Ich fühlte und verhielt mich wie ein absolutes Opfer!*

Dann öffnete mir eines Tages ein Satz in Jesus` Bergpredigt die Augen wie nie zuvor: `Segnet, die euch fluchen´ (Matthäus 5:44). Plötzlich war mir alles klar. Das war genau das, was ich zu tun hatte: meine früheren `Verfolger` segnen. Auf der Stelle fing ich an, sie auf jede erdenkliche Weise zu segnen: ihre Gesundheit und ihre Freude, ihre Finanzen und ihre Arbeit, ihre Familienbeziehungen und ihren Frieden, ihren Überfluss und ihre Güte."

Das Segnen, aus tiefstem Herzen den Menschen Gutes zu wünschen, bestimmte allmählich sein ganzes Leben. Mit Segnen fand er zu seinem inneren Gleichgewicht zurück, mit Segnen konnte er bei seinem Gleichgewicht bleiben und seine Gedanken von Negativität, Kritik und Urteil befreien.

So ist Pierre Pradervand für mich ein Beispiel für einen Menschen, der mit den Stürmen des Lebens wachsen konnte. Gleichzeitig vermittelt er einen Weg, den jeder gehen kann, um den Stürmen des Lebens gewachsen zu sein.

---

15 Pierre Pradervand, Segnen heilt, S.19

Wenn ich Segen denke, kann ich mich nicht gleichzeitig ärgern oder mir Sorgen machen. Ich kann nicht gleichzeitig segnen und verurteilen. Also kann es mir im Sinne meiner eigenen psychischen Stabilität sehr hilfreich sein.

> **Segnen heißt:**
> **Von Herzen**
> **Gutes wünschen**

Wenn ich mit Segnen meinen Alltag gestalte, pflege ich also täglich eine resiliente Lebenshaltung. Ich richte meine Aufmerksamkeit darauf, was ich meiner Umgebung Gutes wünschen kann. Damit ist für das ununterbrochene sonstige Geplapper in meinem Kopf kein Platz mehr. Alles, was ich über meine Sinnesorgane wahrnehme, kann ein Anlass zum Segnen werden. Ich kann mich zum Beispiel fragen, was dem Menschen, der mir begegnet, guttun könnte. Ich kann seine Lebensfreude, seine Zufriedenheit, seine Liebe zu sich selbst und seinen Mitmenschen segnen. Meiner Kreativität sind keine Grenzen gesetzt. Mit dem Segnen bleibe ich ja auch auf dem „Pfad der Liebe", auf dem mir meine Kreativität voll zu Verfügung steht.

Diese Art des Segnens kann jeder Mensch an jedem Ort, zu

jeder Zeit, in jeder Situation praktizieren. Jeder kann es probieren. Niemand sieht, was ein Mensch gerade denkt.

Wenn jemand besonders unsympathisch wirkt, sich vielleicht bei mir sogar Gefühle der Ablehnung melden wollen, wende ich meinen Blick ab von der Maske, hinter der alle erlittenen Verletzungen versteckt sind, und segne das strahlende Kleinkind in ihm. Dabei erinnere ich mich an ein Bild, wie ich es einmal gelesen habe: Das Licht sehen, nicht den Lampenschirm!

Ich kann Sie herzlich dazu einladen, es auch zu probieren. Wenn Sie es probieren, werden Sie merken, wie gut es Ihnen damit geht. Wenn Sie aufmerksam sind, können Sie vielleicht sogar bemerken, dass Ihre Gedanken irgendwie angekommen sein müssen. Auf einem traurigen oder wütenden Gesicht erscheint vielleicht plötzlich ein Lächeln. Oder Sie werden interessiert angesehen.

Ich habe schon einige gute Erfahrungen damit machen und etliche Berichte aus dem Freundes- und Bekanntenkreis hören können.

„Probieren geht über Studieren", lautet ein Sprichwort. Probieren heißt tun, studieren heißt verstehen. Ich kann zum Beispiel von meinem Verstand her nicht nachvollziehen, wie es technisch möglich ist, dass hier in Deutschland jemand in ein kleines Kästchen spricht und eine Stimme aus Amerika antwortet ihm. Kann ich es anzweifeln, weil ich es nicht verstehe? Ich erlebe es doch! Kann ich anzweifeln, dass die Ureinwohner von Australien über Kilometer hinweg ohne ein Kästchen kommunizieren, nur weil ich es nicht verstehe?

Mit dem Segnen kann ich vielleicht selbst erleben, dass meine stillen Worte im Kopf auch mein Gegenüber erreicht haben.

Gedanken scheinen wirklich mächtig zu sein. Lenken wir sie so, dass ihre Macht unserem Wohl dient!

BEWUNDERNSWERTE RESILIENZ

Mit Liebe stark sein

In dem Buch „Segnen heilt" las ich mit ehrfürchtigem Staunen den Bericht über eine bemerkenswerte Entscheidung zwischen Liebe und Hass. Der amerikanische Feldarzt Dr. George G. Ritchie, der im zweiten Weltkrieg an der Befreiung der Häftlinge aus den Konzentrationslagern Deutschlands beteiligt war, berichtet in dem Buch „Die Rückkehr von morgen" von einem polnischen Häftling, der vor Gesundheit strotzte, dessen Augen glänzten und der durch einen aufrechten Gang auffiel. Seine Energie schien grenzenlos. Dieser Mann war Anwalt gewesen, sprach fließend mehrere europäische Sprachen und half bei der Auflösung des Lagers als inoffizieller Dolmetscher. *„Trotz seiner fünfzehn bis sechzehn Arbeitsstunden am Tag und immensem Stress zeigte er keinerlei Anzeichen von Erschöpfung. Alle ethnischen Gruppen im Lager – unter denen zahlreiche hasserfüllte Streitigkeiten bestanden – betrachteten ihn als ihren Freund."* Dr. Ritchie war völlig überrascht, als er erfuhr, dass dieser Mann, der wegen seines schwer aussprechbaren polnischen Namens Bill Cody genannt wurde, schon seit 1939 im Lager war. Er schien ein medizinisches Wunder zu sein. Was war sein Geheimnis, das ihn die Verhältnisse im Lager so hatte überstehen lassen? Bill Cody berichtete eines Tages seine Geschichte:

Zu Kriegsbeginn hatte er mit seiner Frau und seinen fünf Kindern im Warschauer Ghetto gelebt. Eines Tages waren die Nazis aufgetaucht und hatten alle außer ihm – dem Anwalt, der deutsch sprach, – vor seinen Augen erschossen, auch seine Frau und seine fünf Kinder. Sein Flehen, auch erschossen zu werden, war vergeblich. *"Damals musste ich mich auf der Stelle entscheiden, ob ich meinen Hass auf die Soldaten, die das angerichtet hatten, zulassen sollte oder nicht. Im Grunde war es eine leichte Entscheidung. Ich war Anwalt. Ich hatte in meinem Beruf schon zu oft gesehen, was Hass mit dem Verstand und dem Körper der Menschen anstellen konnte. Hass hatte gerade die sechs Menschen umgebracht, die für mich das Wichtigste auf der Welt waren. Da beschloss ich, für den Rest meines Lebens – egal ob es ein paar Tage oder viele Jahre sein würde – jeden Menschen zu lieben, dem ich begegnen würde."*

Bill Cody hatte eine bewundernswerte bewusste Entscheidung getroffen. Er hatte sich zwischen Liebe und Hass entschieden. Diese Entscheidung *"basierte einfach nur auf seiner Lebenserfahrung und dem Verständnis, dass Liebe erneuert, während Hass zerstört – und zwar angefangen bei dem, der hasst."*[16]

---

16 Pradervand, Segnen heilt, S. 78f

Diese Geschichte ist für mich ein sehr beeindruckendes, einprägsames Beispiel für Resilienz. Für den polnischen Anwalt war es eine leichte Entscheidung, sich nur von der Liebe leiten zu lassen. Es wäre durchaus verständlich, wenn auch er das Leid, das er erlitten hatte, an seine Umgebung weitergegeben und damit auch Leid über andere gebracht hätte. Mit seiner Entscheidung hat er weiteres Leiden verhindert.

Mit Gedankenkraft zu neuem Leben

Dass meine Gedanken voller Angst und Groll meinen Körper mit Stresshormonen überfluten, weil mein Gehirn die Aufforderung, für mein Überleben sorgen zu müssen, ernst nimmt, das kann auf Dauer zu Krankheit führen. Dass Gedanken voller Liebe einen kranken Körper auch heilen können, dafür gibt es ebenso beeindruckende Beispiele.

"Jeder Gedanke, den wir denken, ist eine Wirklichkeit. Jeder Gedanke baut etwas von unserer Zukunft auf oder reißt etwas von ihr nieder. Woran denken Sie jetzt in diesem Moment? Ruht Ihr Gedanke auf Dunklem oder auf Hellem? Ist er Hass oder ist er Liebe? Bedeutet er Zuneigung zu anderen oder Widerwillen gegen sie? Man könnte genauso fragen: „Was machen Sie aus Ihrer Zukunft?" Der Mensch ist das Ergebnis dessen, was er gedacht hat." –

Prentice Mulford – Dieses Zitat fand ich in dem Buch „Dem Leben wiedergegeben" von Barbara Zaruba und Sonja Wierk. Sonja Wierk litt seit 25 Jahren an Multipler Sklerose. Mit 60 war sie völlig gelähmt, war im Rollstuhl gelandet, den sie aus eigener Kraft nicht mehr bewegen konnte. Helfer mussten ihren Körper gewaltsam biegen, damit sie überhaupt in den Rollstuhl hineingesetzt werden konnte. Das Sprechen fiel ihr schwer, Schlucken war ihr fast unmöglich, hören und sehen konnte sie nur noch wenig.

Sie ließ sich zu einer Feldenkrais -Veranstaltung ihrer MS-Gruppe fahren. Sie wollte nach jedem Strohhalm greifen. (Feldenkrais war ein Physiker, der aufgrund einer nicht richtig ausheilenden Knieverletzung eine Methode für sich gefunden hatte, durch bewusstes Training neue Verknüpfungen zwischen Gehirn und Muskel herzustellen.) Am zweiten Tag dieser Veranstaltung, bei der Frau Wierk zunächst nur zuhören konnte, spürte sie plötzlich Bewegungen in ihren Armen.

Diese Bewegungen konnte sie zu Hause nicht wiederholen, aber sie dachte immer wieder daran, bis sie eines Tages Zuckungen in ihren Armen spürte. Die Kraft ihrer Gedanken an einmal erlebte Bewegungen hatte die Bewegungen ausgelöst. Geduldig und unermüdlich eroberte sich Frau Wierk von nun an in kleinsten Schritten ihren Körper wieder zurück, indem sie sich erst die Bewegung vorstellte, bis sie sie auch in der Realität ausführen konnte. Und sie schaffte es.

Mit 77 Jahren gab sie quicklebendig bundesweit die von ihr entwickelte SoWi-Therapie weiter, um anderen Erkrankten mit MS, Parkinson, Schlaganfall und anderen zerebralen Bewegungsstörungen Mut zu machen. Ihre Koautorin Barbara Zaruba hatte auch 20 Jahre an MS gelitten und einen Weg für sich gefunden, gesund zu werden.

Das Wesen der SoWi-Therapie ist es, sich die Bewegungen immer wieder vorzustellen. *„Ein weiterer Aspekt aus der Hirnforschung untermauert ebenfalls die SoWi-Therapie: Es ist selbst mit neuesten Messgeräten nicht festzustellen, ob eine Bewegung tatsächlich ausgeführt wurde oder nur in der Vorstellung stattfand. Lange bevor eine gesunde fließende Bewegung tatsächlich wieder möglich ist, kann man sie sich vorstellen, immer wieder und immer wieder. Und irgendwann wird die offensichtlich gar nicht so bedeutende Schranke zwischen Vorstellung und Wirklichkeit wegfallen."*[17]

Worauf ich meine Aufmerksamkeit lenke, das verstärke ich. Frau Wierk hat unermüdlich ihre Aufmerksamkeit auf die einzelnen Bewegungen gelenkt. Sie hat zunächst akzeptiert, was ist, und dann visualisiert, was ihr Wunsch war. Wissen, was ich will, und es geschehen lassen. Geschehen lassen heißt auch, meine inneren Bilder auf das Gewünschte auszurichten. In Sonja Wierks Fall ging es nicht nur um eine

---

17 Barbara Zaruba, Sonja Wierk, Dem Leben wiedergegeben, S.97

von vielen Stresssituationen, es ging um ihr ganzes Leben. Dazu heißt es in dem Buch: *"Werden Sie kreativ – visualisieren Sie! Stellen Sie sich so oft wie möglich Ihren Erfolg, Ihre Fortschritte und das Erreichen von großen und kleinen Zielen vor. Träumerisch in solche Empfindungen einzusteigen hat den unschätzbaren Vorteil, dass Sie dabei vermutlich entspannt, locker und zuversichtlich sein können. Und wenn Sie sich eine gesunde Zukunft erträumen wollen, dann gestalten Sie diesen Tagtraum in den fröhlichsten Farben und haben Sie keine Bedenken, dass Sie dadurch wirklich zu einem Traumtänzer werden könnten. Sich eine schöne, ausgefüllte und glückliche Zukunft zu erträumen, ist die beste und entspannendste Investition für Ihr künftiges Leben. Jede Sekunde Wohlgefühl, jede Sekunde Glück hat eine positive und heilende Wirkung auf Ihren Körper und Ihr Immunsystem, und darauf kommt es an!"* [18]

Mut machende Bilder bestärken

Ich wende mich gern solchen Mut machenden Wundern zu. Wunder sind es für mich, weil ich sie nicht verstehe. Wunder sind sie auch, weil ich diese Ereignisse bestaunen und bewundern kann. Sie machen Mut. Sie bereiten mir also

---

[18] Barbara Zaruba, Sonja Wierk, Dem Leben wiedergegeben, S.63

positive Gefühle. Dafür kann ich von Herzen dankbar sein (Resiliente Lebenshaltung: positive Emotionen verstärken durch Dankbarkeit und Bewunderung).

Dankbar bin ich auch, dass mich solche Informationen erreichen. Horrormeldungen mit ihren Angst machenden Bildern finden bisweilen schneller Verbreitung. Das erkennen glücklicherweise immer mehr Menschen. Bücher, Zeitschriften und Berichte im Internet lassen die Menschen das finden, was sie durch ihre Aufmerksamkeit verstärken wollen, worin sie sich selbst bestärken wollen.

Das Buch von Sonja Wierk begleitet mich jetzt schon etliche Jahre als Mutmacher zu meinen Seminaren. Da ich denke, es passt zum Thema dieses Buches, habe ich einmal im Internet recherchiert. Dabei bin ich auf eine umfangreiche, Mut machende Internetseite gestoßen, die mich einige Stunden im positiven Sinne gefangen hielt. Ivonne, die selbst MS hatte und Sonja Wierk auch auf einem Seminar erleben konnte, hat auf Ivonnes Homepage viele Erfahrungsberichte von Menschen zusammengetragen, die auch erkrankt waren, und hat etliche Wege aufgezeigt, die beim Gesundwerden geholfen haben.

Verbundenheit und Wachstum – für mich bedeutende Faktoren der Resilienz, konnte ich mit dieser Homepage erleben. Da ist ein engagierter Mensch, der seine guten Erfahrungen mit anderen teilen möchte. Das ruft ein Gefühl der Verbundenheit in mir hervor.

Und es gibt viele Beispiele für Wachstum, Beispiele, wie Menschen die Herausforderungen ihres Lebens gemeistert haben und daran gewachsen sind.

Der Mann, der sein Gehirn veränderte

Das ist eine Kapitelüberschrift aus dem Buch „Das Geheimnis der Heilung" von Joachim Faulstich. Alle Facetten der Resilienz, die ich formuliert habe, finden sich im Leben des jungen polnischen Cellisten Dominik Polonski wieder, der wegen eines Tumors im Kopf operiert werden musste. Er überstand zunächst alles gut und stand bald wieder auf der Bühne, fand also schnell wieder den Zugang zu seinen Gaben. Aber es folgte eine nächste Operation. Er gab danach wieder ein Konzert. Er war so mit seiner Musik verbunden und verwachsen, dass sich seine Finger wie von selbst bewegten, auch wenn er im Alltag mit Fingerbewegungen Probleme hatte. Doch es folgten eine dritte und eine vierte Operation. Nach der vierten Operation war alles anders. Er konnte seinen linken Arm nicht mehr fühlen und auch nicht sein linkes Bein. Die Chirurgen hatten ein Viertel seines Gehirns entfernt. Ärztlicherseits wurde ihm jede Hoffnung genommen. *„So floh er vor den Gedankenschleifen der langen Tage und der noch längeren Nächte. Er begann zu vergessen und nur noch da zu sein, ohne zu denken, ohne zu* *grübeln, ohne zu hoffen, aber auch ohne die Verzweiflung, die ihn zuvor jede Minute begleitet hatte."*[19]

So erinnerte er sich an das Wichtigste in seinem Leben, die Musik. Er liebte das „Wohltemperierte Klavier" von Johann Sebastian Bach und hatte eine CD davon mit in die Klinik genommen. Diese CD begleitete ihn jetzt beim Schlafen und beim Wachen. Er war ganz eins mit der Musik. Er gab der Angst keinen Raum und wandte sich stattdessen ganz seiner geliebten Musik zu. Am nächsten Morgen bei der Visite konnte er zum Erstaunen aller sein Bein ein bisschen anheben. Eine euphorische Hoffnung erfasste alle. Er wurde von der Krebsstation in die Reha-Sektion verlegt. Eine Maschine bewegte seine Arme und Beine stundenlang ohne Unterbrechung. Aber der erhoffte Erfolg war nach vielen Wochen rastlosen Trainings sehr mager. Eine Frau erzählte ihm von einem Therapeuten Martin Busch in Deutschland. Auf der Grundlage von Therapeutischer Hypnose und Feldenkrais hatte Martin Busch seinen eigenen Weg entwickelt. Bei und mit diesem Therapeuten konnte Dominik Polonski ungeahnte Erfahrungen machen. Am Ende der ersten Stunde, noch in leichter Trance, konnte er kleine erstaunliche Bewegungen machen, sich aufsetzen, sich neben die Liege stellen, sogar den Raum verlassen und wieder zurückkommen. Die feste Überzeugung, dass die Behinderung wohl unveränder-

---

19 Joachim Faulstich, Das Geheimnis der Heilung, S.50f

lich sein würde, war erschüttert. Der Weg des Therapeuten war nicht ein Kampf gegen die Erkrankung seiner Patienten, sondern bestand darin, neue Ziele zu finden und erste Schritte in die gewünschte Richtung zu gehen. Nicht gegen die Lähmung, sondern für die Fähigkeit zur Bewegung (Wissen, was ich will und es geschehen lassen). Martin Busch sah seine Begleitung als „Selbstentwicklungshilfe". Ein wichtiger Faktor dabei war die persönliche Beziehung zu seinem Patienten (Verbundenheit). Nach der ersten Woche, die Dominik Polonski bei Martin Busch war, hatte er eine neue Sicht auf sein Leben. Er *„akzeptierte jetzt seine Behinderung, er nahm sie aber nicht mehr als unveränderliches Schicksal, sondern als Experimentierfeld: Plötzlich erschien wieder offen, was tatsächlich möglich war, und deshalb konnten nur mutige Experimente zeigen, wie groß das Potenzial zur Veränderung wirklich war."* [20]

Den Ist-Zustand zu akzeptieren, bedeutet nicht, ihn zu stabilisieren, ihn zum Dauerzustand zu machen; es bedeutet, keine Energie dareinzustecken, dagegen anzukämpfen. Die Energie wird besser in die Richtung des Gewünschten gelenkt (Wissen, was ich will und mit meiner Aufmerksamkeit das Gewünschte verstärken).

Im Laufe der Jahre war Dominik noch einige Male bei Martin Busch. Wie ein Kleinkind lernte er seine Bewegun-

---

20 Joachim Faulstich, Das Geheimnis der Heilung, S.68

gen neu, denn die Gehirnbereiche, die bisher für die Bewegungen zuständig waren, gab es in seinem Kopf nicht mehr. Sein linker Arm blieb aber eingeschränkt. Das Wichtigste im Leben war Dominik die Musik. Er promovierte in Musikwissenschaften und wurde Cellolehrer an der Musikhochschule. Selbst in Konzertsälen aufzutreten, schien endgültig der Vergangenheit anzugehören. Doch dann erhielt er eine Einladung zu einem großen Konzert, in dem er wieder selbst Mittelpunkt sein sollte. Eine Komponistin hatte ihm ein Cellokonzert für eine Hand geschrieben. Fünf Jahre, nachdem er das letzte Mal auf der Bühne gestanden hatte, gab es für ihn als Solisten einen Auftritt mit dem Radiosinfonieorchester. ***„Als das ´Cellokonzert für eine Hand` beendet war, gab das Publikum nicht enden wollende stehende Ovationen. Auch das Orchester feierte seinen Solisten, der mitten auf der Bühne, vor den Augen des Publikums hemmungslos weinte."***[21]

Bevor Dominik das erste Mal bei Martin Busch war, hatte er bei einer Untersuchung erfahren, dass es einen neuen Tumor gab, der nicht zu operieren sei. Davon hatte er Martin Busch gar nichts erzählt. Er erwähnte aber, wie er versucht hatte, die Krebszellen mithilfe seiner Vorstellungskraft zu zerstören. Er hatte sich in nächtlichen Phantasiereisen einen Felsen vorgestellt, den er mit allen möglichen Werk-

---

21 Ebd., S.74

zeugen zu zertrümmern suchte. Anschließend war der Fels aber immer unverändert. Seine Vorstellungskraft sei wohl zu schwach. Martin Busch sagte ihm, scheinbar beiläufig, als Dominik sich noch in leichter Trance befand, offen für neue Bilder: *„Wie wäre es, wenn du deine Orientierung ändern würdest, weg von den kranken Zellen und hin zu den gesunden? Bis du klar und deutlich vor dir siehst, wie all deine gesunden Zellen mit ganzer Kraft und strotzend vor Gesundheit sich schnell teilen und den ganzen freien Raum einnehmen? Dann haben die kranken keinen Platz mehr und müssen aufgeben. Solange du gegen den Krebs kämpfst, bildet er den Mittelpunkt deiner Aufmerksamkeit, dein ganzes Leben dreht sich um ihn – wenn du dich aber mit deinen gesunden Zellen beschäftigst, die ja weit in der Überzahl sind, bist du ganz auf deine Genesung orientiert."*[22]

Mit diesem neuen Bild beschäftigte sich Dominik jetzt sehr intensiv, morgens, abends, tagsüber, *„ohne zu kämpfen, ohne negative Gedanken, einfach mit großer Selbstverständlichkeit."* Nach drei Monaten Arbeit mit diesem Bild ging er zu einem neuen Gehirnscan in die Klinik, vom Gefühl her zuversichtlich, sein Verstand zweifelte aber. Als er schon nach zehn Minuten aus der Röhre herausgefahren wurde, ergriff ihn Panik. Er sah, dass einer der Ärzte weinte.

---

22 Joachim Faulstich, Das Geheimnis der Heilung, S.99

Als der Arzt sich gefangen hatte, sagte er mit leiser Stimme: *"Er ist verschwunden. Wir können absolut nichts finden. Der Tumor ist tatsächlich spurlos verschwunden. Ich weiß nicht, wie ich mir das erklären soll, aber ich bin sehr glücklich über diesen Befund."*[23] Noch immer weinend umarmte der Arzt Dominik.

In dem Buch gibt es noch einige verblüffende und Mut machende Berichte, Berichte von der Macht der Aufmerksamkeit, von der Macht der inneren Bilder. *"Alles, worauf wir mit Interesse und Ausdauer unsere Aufmerksamkeit richten, hat im Gehirn Folgen: So kann eine geistige Fähigkeit, eigentlich etwas völlig Immaterielles, feste Strukturen verändern, so kann Bewusstsein Materie formen."*[24]

Dafür, dass Dominik Polonski wirklich auch noch an den Stürmen des Lebens gewachsen ist, sprechen seine folgenden Worte: *"Ich bin jetzt mehr im Jetzt, mehr als früher. Ich lebe, wann immer ich es kann, im gegenwärtigen Augenblick. Ich weiß, dass mir Zeit geschenkt wurde, dass ich eine Lebensspanne gewonnen habe, mit der niemand mehr rechnen konnte, am wenigsten ich selbst. Tatsächlich habe ich nichts verloren, sondern ein neues Leben gewonnen. Ein ganz phantastisches, das ich so nie hätte planen können. Und das freut mich sehr, jeden Tag entdecke ich*

---

23 Joachim Faulstich, Das Geheimnis der Heilung , S.101
24 Ebd., S. 92

neue Dinge, neue Fähigkeiten an mir. Ich lerne das Leben neu, jeder Tag ist ein Abenteuer. Und ganz gleich, wie es ausgeht – wenn ich morgen sterbe, dann ist es für mich wichtig, sagen zu können: Es hat sich gelohnt."[25]

---

25 Ebd., S. 101f

GEDANKEN ZUM ABSCHLUSS

Wissen, dass es hinter dem Horizont auch noch weitergeht

Das erfahre ich, wenn ich mich vom Fleck rühre, wenn ich die Situation, in der ich mich gerade gefangen fühle, wenigstens für einen kleinen Augenblick verlasse.

Das erfahre ich, wenn ich mit offenen Sinnen einen Schritt in eine neue Richtung tue. Vielleicht dringt dann ein kleiner Hoffnungsschimmer auch wieder in meine Welt.

Bisweilen erlebe ich Menschen, die sich in ihrer derzeitigen Situation so gefangen fühlen, dass sie sich überhaupt nicht vorstellen können, dass sich ihr Leben noch in eine heilsame Richtung gestalten lassen könnte. Sich nicht vorstellen können heißt, keine inneren Bilder für einen Wunschzustand haben. (Wissen, was ich will, und es geschehen lassen. Wage ich es gar nicht mehr, einen Wunsch zu haben?) Einige von diesen Menschen suchen und finden Kontakte, in denen sie sich in ihrer Trostlosigkeit, in ihrer Hoffnungslosigkeit gegenseitig bestärken können. Das können Begegnungen sein, in denen das gemeinsame Thema Krankheiten sind. Das können Internetforen sein. So finden diese Menschen für sich Verbundenheit. Sie sind nicht allein in ihrer Not. Aber ist das eine Verbundenheit, in der sie wachsen können? Worauf richten sie ihre Aufmerksamkeit? Was verstärken sie? Was verstärken Menschen, die in Internetforen sogar Menschen beschimpfen, die gesund geworden sind und davon berichten, weil sie auch anderen Menschen mit ihrem Erleben Mut machen wollen?

Ich frage mich: Durch welche Lebensumstände kommen Menschen zu so einer Lebenshaltung? Was haben sie aus ihren Erfahrungen gelernt? Dabei wird mir bewusst, in welcher leistungsorientierten Gesellschaft wir leben. In dieser leistungsorientierten Welt kann es bisweilen schon schwerfallen, offen für die Welt anderer zu sein, um daraus Mut zu schöpfen.

Im Kindergarten schon (oder noch früher?) wird die Entwicklung der Kinder, werden ihre Leistungen miteinander verglichen und bewertet. In der Schule treibt das Vergleichen und Bewerten wahre Blüten. Immer geht es um Wettbewerb, um Wettkampf, um Sieger und Verlierer.

Wie fühlen sich die Sieger? Wie fühlen sich die Verlierer? Was treibt die Sieger an, sich so anzustrengen? Ist es die Liebe zum Tun oder die Angst davor, auch ein Verlierer zu werden?

Für Kinder, die sich häufig in der Rolle der Verlierer erleben müssen, wird die Angst zum dauerhaften Begleiter. Um sich davor zu schützen, ständig von Stresshormonen überflutet zu werden, sagen sie sich: „Das kann ich eben nicht!"

Wenn sie sich dann wieder als Versager erleben, sagen sie sich: „Habe ich doch gewusst! Das kann ich eben nicht! Hatte ich doch recht!" Das Belohnungszentrum des Gehirns kann also Endorphine ausschütten statt Stresshormone.[26]

So kann Resignation gelernt werden. Statt Mut aus den Erfolgen anderer zu schöpfen, will ich sie lieber nicht wahr‐nehmen. Schließlich will ich mich nicht wieder als Versager, als Verlierer erleben.

Tut mir dieses Gelernte gut oder blockiert es mich? Ich denke, das Leben ist kein Wettlauf. Jeder hat sein eigenes Tempo, seinen eigenen Weg, seinen Weg des Lernens und seinen Weg des Lebens, seinen Weg, mit einer Krankheit umzugehen. „Du bist ein Wunder. Du bist einzigartig." (Casals) Wenn die einzigartigen Wunder noch miteinander in Erfahrungsaustausch treten, kann das zu einer zusätzlichen Bereicherung des Lebens werden.

Also, ich wünsche uns allen den Mut zum Erfahrungsaustausch. Wenn es um meine inneren Bilder geht, die ich verändern will, brauche ich dafür keine Zeugen, vor denen ich mich als Versager fühlen kann, wenn es mir nicht so gelingt wie den Erfolgreichen. Meine Absicht kann ich für mich behalten. Über mögliche Erfolge können sich andere mit mir freuen und staunen.

---

26 Hüther, Wie man sein Gehirn optimal nutzt, Auditorium Netzwerk

Noch einmal: Wissen, was ich will

> In einer Welt, die für mich verstehbar, gestaltbar und bedeutsam ist, möchte ich in Verbundenheit wachsen und glücklich sein.

Mir ist klar geworden: Alle diese Faktoren hängen doch von meiner ganz persönlichen Sichtweise, von meiner Einschätzung ab, von meiner inneren Haltung.

Es kommt also darauf an, zu erkennen, was meine persönliche Sichtweise, meine innere Haltung bestimmt. Wenn diese Sichtweise mir nicht guttut, ist es sinnvoll, einen Blickwechsel vorzunehmen, die inneren Bilder zu verändern. Noch einmal Gerald Hüther: **„Nur wenn wir uns der Herkunft und der Macht dieser Bilder bewusstwerden, können wir auch darüber nachdenken, wie wir es anstellen, dass künftig wir *die Bilder und nicht die Bilder* uns bestimmen."**

Diesen Blickwechsel zu erleichtern, dazu gibt es mittlerweile viele Rituale, viele Methoden, die wie Pilze aus dem Boden schießen.

In meinen Seminaren stelle ich außer den beschriebenen auch noch andere „Pilze" zur Verfügung.

Jeder Mensch ist einmalig. „Du bist ein Wunder. Du bist einzigartig." (Casals) Deshalb liebt auch nicht jeder den gleichen Pilz. Mit anderen Worten: Um zu einer inneren Haltung zu finden, die mir ganz persönlich guttut, habe ich meinen ganz individuellen Weg zu finden. Es gibt kein Patentrezept, das für jeden Menschen zu jedem Zeitpunkt passt.

Was für jeden Menschen meiner Überzeugung nach aber zutrifft, ist, dass es sehr viel mehr Potenzial in ihm gibt, als er selbst denkt. Dafür habe ich unlängst in dem Film „Alphabet" des österreichischen Filmemachers Erwin Wagenhofer ein schönes Bild der Bestätigung erfahren können. In den USA gibt es ein Totes Tal (Death Valley). Dieses Tal ist tot, weil es dort nie regnet. Dann hat es aber doch geregnet! Im Frühling darauf gab es kein totes Tal, sondern ein blütenübersätes Tal. Die Samen hatten über Jahre in der Erde geschlummert und auf die Bedingungen gewartet, die sie zum Keimen und Blühen brauchten. (Also resiliente Samen!)

Wenn ich in meinen Seminaren und in meiner Einzelarbeit immer wieder erfahre, was das Keimen und Blühen der Anlagen in früher Kindheit erschwert oder gar verhindert hat, dann denke ich, dessen sollten sich doch alle Erwachsenen bewusstwerden. Aus dieser Erkenntnis heraus können sie Kindern doch gleich Bedingungen schaffen, die das Keimen und Blühen der angelegten Samen fördern, statt es zu verhindern. Die Grundlagen für die Resilienz im Leben werden in der Kindheit gelegt.

Wenn Verbundenheit gelebt werden kann, das heißt Miteinander statt Konkurrenz, braucht sich auch niemand hinter Masken zu verstecken, sondern kann in seinem eigenen Tempo vor sich hinwachsen.

Das erlebe ich in meinen Seminaren „Mit Leichtigkeit das Leben aufräumen", oder wie ich sie auch immer entsprechend der Zielgruppe nenne. Es geht darum, Blockaden zu lösen. Um Blockaden lösen zu können, müssen sie erkannt werden. Damit sie erkannt werden können, müssen die Masken abgenommen werden.

Wenn die Masken abgenommen werden, stellt sich relativ schnell eine innige Verbundenheit unter den Teilnehmern ein. Wenn es an die Blockaden geht, befinden sich die Teilnehmer plötzlich gleichsam als eine Blume auf einer blühenden Wiese. Dabei denke ich jetzt auch an ein Seminar, das ich kürzlich für eine Gruppe Arbeitsloser über 50 geben durfte. Welch Potenzial wurde da sichtbar! Welches gute Miteinander konnte in diesen fünf Tagen gelebt werden! Diese begabten Menschen waren alle arbeitslos! Das lag aus meiner Sicht nicht am Mangel an Potenzial, sondern am Mangel an Selbstwertgefühl.

Wenn ich mir meiner Gaben selbst nicht bewusst bin, kann ich auch schwerlich andere davon überzeugen. Wenn meine eigene Aufmerksamkeit auf meine scheinbaren Defizite gerichtet ist, wie will ich da die Aufmerksamkeit möglicher Arbeitgeber auf mein Potenzial lenken? Wenn ich meine Blockaden hinter einer Maske verstecke, ist das Potenzial mit versteckt.

Ich wünsche uns allen Lebensbedingungen, die auch im Alltag jegliche Masken überflüssig machen, die uns alle in fröhlichem Miteinander wachsen lassen.

Lebe ich gern? Einige Fragen zum Ausklang

Ich frage mich Folgendes:

Lebe ich gern? Oder möchte ich lieber heute als morgen diese Erde verlassen?

Wünsche ich mir ein langes Leben?

Wünsche ich mir ein langes Leben, weil ich das Leben liebe und so viel wie möglich davon haben will? Oder wünsche ich mir ein langes Leben, weil ich Angst vor dem Sterben habe?

Worauf richte ich meine Aufmerksamkeit, auf das, was ich liebe, oder auf das, was ich ablehne?

An welchen Stellen schleichen sich Angst und alte Verletzungen ein, die der Liebe den Weg versperren?

Will ich Angst oder Liebe verbreiten?

Ich will der Liebe die Regie in meinem Kopfkino und damit in meinem Leben überlassen, will Liebe verbreiten in mir und um mich herum. Sie auch? Dann lassen Sie uns gemeinsam losgehen und in Verbundenheit wachsen. Vor uns liegt sicher ein lohnender Weg mit vielen neuen Erfahrungen und vielen erfreulichen Begegnungen.

MIT BÜCHERN IN VERBUNDENHEIT WACHSEN

Ich komme zurück auf meinen Gedanken, dass seit meiner Kindheit Bücher häufig zu meinen Mentoren wurden.

Wenn ich mich der Gedankenwelt der Autoren öffne, teile ich mit ihnen ihre Welt, fühle ich mich mit ihnen verbunden, fühle ich mich in meiner Sicht der Welt bestärkt, kann ich mit ihnen wachsen. Aus Büchern kann ich die Bestätigung erfahren, dass die Welt verstehbar, gestaltbar und bedeutsam sein kann. Bücher mit Mut machenden Bildern erinnern mich an mein eigenes Potenzial.

Deshalb gilt mein Dank unter anderem folgenden Autoren, die mich in ihre Welt mit ihren Erfahrungen eingeladen haben und deren Einladung ich gern angenommen habe:

- Andere Zeiten e.V. : *Oh! Noch mehr Geschichten für andere Zeiten.* 2004.
- Bauer, Joachim: *Das Gedächtnis des Körpers*. Piper Verlag 2004.
- Bauer, Joachim: *Warum ich fühle, was du fühlst*. Heyne, München 2006.

- Begley, Sharon: *Neue Gedanken Neues Gehirn*, Goldmann, München 2010.
- Canfield, Jack, Hansen, Mark Victor: *Hühnersuppe für die Seele.* Goldmann, München 1996.
- Chopra, Deepak: *Die Körperzeit*. Knaur, München 2000.
- Duprée, Ulrich, Bruchacova, Andrea: *Das Wunder der Vergebung*, KAILASH, München 2013.
- Faulstich, Joachim: *Das Geheimnis der Heilung.* Knaur, München 2012.
- Green, Glenda: *Unendliche Liebe*. KOHA, Burgrain 2011.
- Hüther, Gerald: *Die Macht der inneren Bilder*. V&R, Göttingen, 2006.
- Hüther, Gerald, Michels, Inge: *Gehirnforschung für Kinder.* Kösel, München, 2009.
- Hüther, Gerald: *Wie man sein Gehirn optimal nutzt*. AUDITORIUM Netzwerk
- Hüther, Gerald: *Was wir sind und was wir sein könnten*. Fischer, Frankfurt, 2011.
- Hüther, Gerald:. und Hauser, Uli: *Jedes Kind ist hoch begabt*. Knaus, München, 2012, 5.Auflage.
- Jampolsky, Gerald G.: *Die Kunst zu vergeben*. Goldmann, München, 1991.
- Kline, Peter: *Das alltägliche Genie*. Junfermann, Paderborn 1995.
- Langer, Ellen J. : *Die Uhr zurückdrehen?*. Junfermann, Paderborn, 2011.

- Lipton, Bruce H.: Intelligente Zellen. KOHA, Burgrain, 2013.
- Mohr, Bärbel und Manfred: *Cosmic Ordering*, KOHA, Burgrain, 2008.
- Pradervand, Pierre: *Segnen heilt*, Reichel Verlag, Weilersbach, 2010.
- Spitzer, Manfred: *Lernen.* Spektrum, Heidelberg, Berlin, 2003.
- Thie, John F.: *Gesund durch Berühren.* IRISIANA, München, 2002.
- Zaruba, Barbara, Wierk, Sonja: *Dem Leben wiedergegeben,* Herbig, München 2004.

Ich danke auch allen Verlagen, die es ermöglichten, dass mich die Botschaften der Autoren erreichen konnten. Besonders danke ich dem Verlag Via Nova – Neuer Weg.

Resilienz heißt für mich auch: Mit Neugier und Freude neue Wege zu entdecken und sie mutig zu erkunden.

Gerda M. Kolf

Weitere Bücher aus dem Verlag Via Nova:

Resilienz –
Was die Psyche stark macht!
**Das eigene Potenzial entfalten,
Blockaden lösen und Krisen meistern
Gerda M. Kolf**

Paperback, 144 Seiten, 50 mehrfarbige Fotos,
ISBN 978-3-86616-264-8

Es gibt Situationen und Phasen im Leben, in denen wir unseren Mut und unsere Kraft erst wieder finden müssen, um dem Leben neu und freudvoll zu begegnen. Die „Stehaufmännchen-Methode" zeigt, wie erstaunlich einfach es sein kann, innere Hindernisse zu überwinden und sein eigenes Potenzial zu befreien. Ob Ängste, Phobien, innere Blockaden, Schlafstörungen, körperliche Verspannungen – für fast jedes Problem gibt es die passende „Stehaufmännchen-Methode". Sie sind von der Autorin in der Praxis erprobt und nun erstmals in diesem Buch genau beschrieben. Wenn wir ausprobieren, werden wir staunen, was alles möglich ist, wenn wir der Vergangenheit die Macht über unser heutiges Leben nehmen und Lebensfreude und Leistungsvermögen wieder erfahren.

Radikales Erwachen
**Nimm dich im Alltag ganz an
Jeff Foster**

Hardcover, 256 Seiten, ISBN 978-3-86616-282-2

Jeder spirituell Suchende sehnt sich nach Einssein, Freiheit und bedingungsloser Liebe, „anzukommen" und im Hier und Jetzt vollständig aufzuwachen. Wer es liest, begegnet keinem neuen spirituellen Konzept, keiner Theorie, sondern der Einfachheit, Schönheit und Tiefe einer überwältigenden Erfahrung. Lebensnah, humorvoll, berührend und im besten Sinne radikal in seiner Direktheit zeigt Jeff Foster, wie die vollkommene Akzeptanz des Lebens und der Gefühle zur Freiheit führen und alles verwandeln kann. In jeder Zeile ist spürbar, dass er aus der eigenen lebendigen Erfahrung schöpft, und so geraten wir schon beim Lesen in den erfrischenden Sog der Freiheit.

Selbstheilung im Alltag
Imaginationen, Übungen
Alexandra Kleeberg

Paperback, 160 Seiten, ISBN 978-3-86616-286-0

Dieses Buch ist ein Geschenk für alle, die sich mehr Lebendigkeit, Freude und Leichtigkeit im Alltag wünschen. Dabei muss gar nicht viel verändert, sondern nur etwas mehr Bewusstheit ins tägliche Leben gebracht werden und schon erscheint die Welt in einem neuen Licht! Wer sich auf die leicht anwendbaren und inspirierenden Übungen, Anregungen und Meditationen dieses Buches einlässt, wird alsbald eine heilsame Verwandlung erfahren, eine neue Qualität des Zeiterlebens und eine Welt der Wunder entdecken, die direkt vor seinen Augen liegt. Jeder Tag ist ein - zigartig, und dieses Buch zeigt, wie es gelingen kann, dieses Wunder täglich neu zu erfahren. Eine einzigartige Reise durch die Zeit, die unmittelbar ins Hier und Jetzt führt.

Was die Welt zusammenhält
Ein grundlegender Dialog
über Materie und Geist
Dr. Hartwig Volbehr

Paperback, 200 Seiten, ISBN 978-3-86616-283-9

Glauben und Wissen, Geist und Materie, Religion und Naturwissenschaft – seit jeher scheinen dies Pole verschiedener Weltsichten zu sein. Und dennoch: Immer steht die größte aller Fragen im Mittelpunkt, nämlich, „was die Welt im Innersten zusammenhält". Mit viel Freude an der intellektuellen Auseinandersetzung führt das Buch den Leser auf eine fesselnde Reise zu den elementaren Themen des Menschseins und berührt dabei Fragen, die sich jeder von uns schon einmal gestellt hat. Dabei erweist sich die Dialogform des Buches als großer Glücksfall und macht den Widerstreit der zwei Seelen, die wir alle in der Brust haben, lebendig und nachvollziehbar. Machen Sie sich gefasst auf eine faszinierende Expedition zum Ursprung aller Dinge und darauf, dass Ihr altes Weltbild ins Wanken gerät!

Vom Segen der Dankbarkeit
Was dich wirklich glücklich macht
Angeles Arrien

Paperback, 240 Seiten, ISBN 978-3-86616-262-4

Dankbare Menschen, so haben Studien ergeben, sind zufriedener, mehr mit sich im Einklang, sie leben länger, spüren mehr Freude, Liebe und Glück. Aber wie wird man dankbar? Angeles Arrien weist einen völlig neuen Weg: Im Einklang mit der Natur, Monat für Monat, nimmt sie den Leser an die Hand und führt ihn – begleitet von Übungen, Meditationen und Praktiken aus den spirituellen Traditionen der Welt – in ein neues Erleben der Wirklichkeit. Ein echtes Arbeitsbuch, ein Buch, mit dem man lernt, Dankbarkeit in alle Bereiche des eigenen Lebens zu bringen – in Beruf und Finanzen, in Beziehungen, in Gesundheit, Ernährung und Spiritualität.

Innere Stärke
Halt und Orientierung
im alltäglichen Leben
Franz Decker

Taschenbuch, 192 Seiten, ISBN 978-3-86616-307-2

Glücklich und mit sich selbst im Einklang zu leben, den Widerständen des Alltags, inneren Zweifeln, starken Belastungen und selbst Lebenseinbrüchen zu trotzen und positiv zu begegnen – all das lässt sich trainieren. Mit diesem Buch des erfahrenen Lebens- und Mental-Beraters Prof. Dr. Franz Decker erhalten Sie viele wertvolle Anregungen, Tipps, Techniken und Methoden, wie Sie innere Stärke sowie Selbstvertrauen entwickeln und eigene Kraftquellen neu erschließen können. Wer es beherzigt, ist gewappnet für die „Stürme des Lebens", und den wirft so schnell nichts mehr aus seiner Lebensbahn!